# 구름노래

Meghadūtam

깔리다싸 지음

임근동 역주



한국외국어대학교 출판부

✣ 국립중앙도서관 출판시도서목록(CIP) ✣

구름노래 / 깔리다싸 지음 ; 임근동 역주. -- 서울 : 한국외국어대학교
출판부, 2009
p.; cm

원표제: Meghadūtam
원저자명: Kālidāsa
산스크리트어 원작을 한국어로 번역
ISBN 978-89-7464-554-0 03890 : ₩9000

산스크리트 문학[--文學]
인도 문학[印度文學]

892.52-KDC4
891.2-DDC21 CIP2009002340

# 차 례

# 편집자 일러두기

- 이 책은 2002년 인도의 델리(Delhi)에서 간행된 깔레(M. R. Kale)의 산스크리트 판본을 저본으로 삼고, 1843년 영국 런던에서 간행된 윌슨(H. H. Wilson)의 산스크리트 판본과 1957년 인도의 국립문학원에서 간행된 데(S. K. De)의 산스크리트 판본을 부본으로 삼아 번역했습니다. 주로 말리나타(Mallinātha)의 산지와니(Saṁjīvanī)라는 산스크리트 주석의 의미에 맞추어 우리말로 옮겼고, 깔레(M. R. Kale), 윌슨(H. H. Wilson), 데바다르(C. R. Devadhar)의 영어번역과 레그미(Śeṣarāja Śarmā Regmī)의 힌디어(Hindī)번역의 도움을 받았습니다.
- 부록의 원문은 인도의 국립문학원에서 간행된 교정본입니다. 부록의 원문은 전편과 후편이 구별없이 이어집니다.
- 각주는 옮긴이가 붙인 것입니다.

# 해 설

## ≪메가두땀≫의 자연묘사

산스크리트 문학에서 서정시의 원형은 베다 문학에서 나타난다. 하지만 인도 문학을 ≪라마의 길(Rāmāyaṇam)≫에서 비롯되는 것으로 보는 경우에는, 굽타시대(300~650)의 작가인 깔리다싸(Kālidāsa)의 ≪메가두땀(Meghadūtam)≫[1]이 산스크리트 서정시 가운데 최초의 작품이다(Upādhyāya, 1992: 325). 독일의 문호인 괴테(Goethe)에 의해 '서정시의 보석(lyrical gem)'으로 평가 받는 이 작품은 쉴러(Schiller)의 작품인 ≪마리아 스튜어트(Maria Stuart)≫에 착상을 제공하여(Macdonell, 1972 : 337) 인도 문학의 영역을 벗어나 세계문학의 반열에 오른 작품이다. 아울러

1 후대에 삽입된 부분을 제외하면 전편 66편, 후편 55편 모두 111편으로 이루어진 작품이다. 작품의 주요 내용은 부의 신 꾸베라(Kubera)의 신하이며, 반신반인의 존재인 약샤(Yakṣa)가 주군인 꾸베라의 형벌을 받아 1년 동안 사랑하는 아내와 헤어진 채 고행의 삶을 살다가 장마철에 접어들 무렵 산을 얼싸안는 구름을 보고 구름에게 자신의 소식을 아내에게 전해주기를 간청하는 것이다. 산스크리트 원문은 '까(ka)'라는 음으로 시작된다. '까'라는 음은 남성명사로는 '창조의 신인 브라흐마(Brahmā), 보호 유지 육성하는 신인 위스누(Viṣṇu), 사랑의 신인 까마(Kāma), 불임과 동시에 불의 신인 아그니(Agni), 바람임과 동시에 바람의 신인 와유(Vāyu), 도덕과 죽음의 신인 야마(Yāma), 태양임과 동시에 태양의 신인 쑤르야(Sūrya), 광채, 영혼, 왕, 왕자, 매듭, 공작새, 새, 마음, 몸, 시간, 구름, 소리, 소년' 등을 의미한다. 그리고 중성명사로는 '기쁨, 환희, 물, 머리' 등을 뜻한다. 산스크리트의 모든 음은 의미를 지니고 있으며, 산스크리트 시인들은 전통적으로 자기 작품의 주제와 내용을 함축하고 있는 음을 작품의 첫 음으로 선택한다. 따라서 이 작품은 '까'라는 음이 의미하듯이 왕이나 왕자처럼 신분이 고귀한 존재가 죽음 같은 이별의 고통 속에서 소년처럼 어린 마음에 바람결에 움직이는 구름에 부탁하여 사랑을 이루고 그 사랑을 유지하게 된다는 것을 주제로 삼으며, 또한 물, 공작새, 새, 몸, 마음 등이 작품의 주요 제재를 이루어 이별의 고통을 매듭짓고 사랑의 기쁨과 환희를 시간이 지나 얻게 된다는 것이 작품의 주요 내용이라는 것을 미루어 짐작케 한다. 이 작품 모든 편의 운율은 산스크리트 운율 가운데 가장 아름다운 운율이라고 하는 만다끄란따(Mandākrāntā) 운율이다. 만다끄란따라는 낱말의 의미는 우리말로 '부드럽게 다가가기, 부드럽게 오르기, 부드럽게 넘어가기' 등이다.

≪메가두땀≫은 산스크리트 최고 시인인 깔리다싸의 가장 완전하고 가장 특유한 작품으로 인정받기도 한다(Warder, 1990 : Vol. 3, 144).

이러한 산스크리트 서정시인 "≪메가두땀≫의 전편은 자연의 아름다움이 인간의 정서와 교직되어 나타나며, 후편은 인간의 심정이 자연미의 틀 속에 자리 잡아 나타난다. 작품 속에서 높이 솟아오르는 시인의 상상력은 장미 빛 자연묘사를 통해 자연의 진실에 대한 깊은 심상을 드러낸다. ≪메가두땀≫의 자연묘사는 웅대한 산에서 자그마한 꽃들에 이르기까지 자연물을 의인화하여 그림으로 그려지며, 이러한 자연묘사는 산스크리트 문학에서 깔리다싸가 이룩한 탁월한 시적 재능을 드러낸다. 그리고 작품에 나타나는 이러한 자연묘사는 후대 산스크리트 시인들에게 자주 양식화된 묘사로 나타난다. ≪메가두땀≫에는 사랑과 자연이 아주 절묘하고 우아하게 어우러진다. 산스크리트 시문학에 나타나는 사랑은 관능적인 낭만과 관능적인 영묘함을 표현할 뿐만이 아니라 간혹은 영적인 이상에 이르게 하기도 한다"(Kale, 2002: 7~17). ≪메가두땀≫에 나타나는 자연묘사는 사랑을 관능적인 낭만을 통해 그려 내면서 궁극에는 관능적인 낭만이 영적인 이상과 어우러지게 한다. 작품에 나타나는 자연묘사를 통해 어떻게 관능적인 사랑이 영적인 이상과 조화를 이루는지 구체적으로 살펴보기로 한다. 작품 속에서 자주 묘사되는 자연물은 구름, 산, 강 등이다. 따라서 이러한 자연물들을 중심으로 자연묘사를 알아본다.

작품 속에서 구름에게 말을 건네는 화자는 "자기 할 일 게을리 하여 주군인 부의 신 꾸베라(Kubera)에게 형벌을 받아, 초능력을 잃고 일 년 내내 사랑하는 여인과 견디기 힘든 이별을 겪어야하는 어떤 약샤(Yakṣa)[2]

2 '약샤(Yakṣa)'는 반신반인의 존재로서 부의 신인 꾸베라(Kubera)의 신하다. 약샤는 본래 초능력을 가지고 있어 하늘을 날 수 있고, 투명하게 되어 모습이 보이지 않을 수 있으며, 멀리 떨어진 상대와 이심전심으로 마음을 전할 수 있는 존재이다. 그러나 작품 속에서 현재 약샤는 자신의 주군인 꾸베라가 내린 형벌에 의해 초능력을 상실한 상태이다. '난다르기까르(Nandargikar)에

다.”(P-1)[3] “이 약샤가 ‘라마(Rāma)’가 머물던 산, ‘자나까(Janaka)’ 왕의 딸인 ‘씨따(Sītā)’가 몸을 씻어 성스러워진 물가, 수행자가 사는 곳, 짙은 그늘 드리운 나무들 아래 거처를 마련하고는”,(P-1) “가녀린 여인과 이별한 사랑에 시름겨워 야위어 황금팔찌가 흘러내려 허전한 팔목으로 산에서 몇 달을 보내다, 장마 첫날에 이르러 산을 얼싸 안는, 산등성이를 비스듬히 상아로 부비어 미는 놀이 하는, 코끼리로 보이는 구름을 바라본다.”(P-2) 구름을 바라보다가 “마음을 뒤흔드는 구름 앞에 망연히 서서 왕 중 왕인 부의 신 꾸베라의 신하인 약샤는 눈물이 가슴 가득, 생각에 잠긴다. 구름을 바라보면 행복한 사람의 마음 씀도 예사롭지 않거늘 목을 끌어안고자 하는 여인이 멀리 떨어져 있는 경우야 오죽하겠는가!”(P-3) 그래서 시인은 작품 속에서 시적 자아인 약샤의 입을 통해 구름에 대해 다음처럼 노래한다.

“하늘이 가까이 다가오자
아내가 애처로워
도움이 되고자

---

따르면, 이 작품에 등장하는 약샤의 임무는 부의 신인 꾸베라가 우주를 파괴하고 새로운 우주가 탄생하게 하는 동인이 되는 신인 쉬바(Śiva) 신께 아침에 바칠 연꽃을 준비하는 일이었다. 어느 날 약샤는 사랑하는 부인과의 잠자리에서 아침 일찍 일어나는 것이 싫어 전날 밤에 연꽃을 따 놓았다. 연꽃은 해가 뜨면 꽃 봉우리가 열리고 해가 지면 꽃 봉우리가 닫힌다. 그리고 이따금 꿀벌이 해가 지는 줄도 모르고 연꽃에서 꿀을 빠는데 몰두하다 해가 져서 닫히는 연꽃 봉우리 안에 갇히게 되는 경우가 있다. 마침 약샤가 전날 밤에 따 놓은 연꽃은 꿀을 빠는데 여념이 없던 벌이 봉우리 안에 갇혀 있던 연꽃이었다. 아침이 되어 꾸베라가 쉬바 신께 연꽃을 바치려하자, 햇살을 받아 피어난 연꽃 안에서 막 잠에서 깨어난 꿀벌이 놀라 날아올라 꾸베라의 손가락을 쏘게 되었다. 만일 약샤가 이른 아침에 갓 피어난 연꽃을 따 놓았다면, 약샤가 연꽃을 따가지고 오는 동안 꿀벌이 날아가 버렸을 테니, 꾸베라가 벌에 쏘일 리가 없었다. 따라서 꾸베라는 약샤가 자기 할 일에 게을러 전날 밤에 연꽃을 따다 놓은 것을 알게 되었다. 부인과의 잠자리에서 일찍 일어나기가 싫어서 그런 것을 알고는 꾸베라는 약샤에게서 신통력을 빼앗고 사랑하는 부인과 일 년 동안 멀리 떨어져 지내는 형벌을 내렸다. 윌슨(H. H. Wilson)에 따르면, 이 작품에 등장하는 약샤의 임무는 부의 신인 꾸베라의 정원을 지키는 일이다. 어느 날 약샤가 정원에서 자리를 비운 사이에 신들의 왕인 인드라(Indra)의 코끼리가 들어와 정원을 뭉개 놓았다. 이에 화가 난 꾸베라는 자기 할 일을 게을리 한 약샤에게 형벌을 내리게 되었다.’(Kale, 1969: 3). 윌슨의 이야기 보다는 난다르기까르의 이야기가 작품의 분위기에 어울린다.

3 (P-1)에서 P는 ≪메가두땀≫의 전편을 의미하고, 이후 (U-1, U-2) 등에서 U는 후편을 의미한다.

그는 생명의 물 간직한 구름 더러
자신의 안녕 소식 전하려
그 구름에게
갓 피어난 산꽃들 받잡아 들고는
반가와 하며
다정하게 환영의 말 건넸네."(P-4)

"연기 햇살 물 바람들이
어우러진 구름,
온전한 지체를 가진 생명들이
전해야할 소식의 의미들,
이들은 따로 따로 이거늘
은둔한 '약샤'는
애욕에 못 이겨
헤아리지 못하고
구름에 애원하네.
사랑에 신들린 이
정감 있는 것과 정감 없는 것들에 대해
구별이 희미해지기 때문이네."(P-5)

위에 인용된 부분에서 구름은 "연기, 햇살, 물, 바람들이 어우러진" 무생물로 정감이 없는 존재이다. 그러나 약샤는 "구름에게 갓 피어난 산꽃들 받잡아 들고는 반가와 하며 다정하게 환영의 말을 건넨다." 이처럼 정감이 없는 존재인 구름에게 다정하게 말을 건네는 것은 구름을 정감이 없는 존재가 아니라 정감이 있는 존재로 작품 속에서 시인의 의식은 인식하고 있음을 의미한다. 이것은 주지(主旨)를 인격화시킨 것으로서 비유 가운데 의인법(personification)에 해당된다. '인간은 본래 심하게 자아중심, 자기 편향성을 지닌다. 그런 인간의 속성이 원용된 결과가 이런 유형의 비유를 낳는다.'(김용직, 2001: 115). 인용된 부분에서 말하는 바와 같이 시적 자아인 "은둔한 약샤는 애욕에 못 이겨 헤아리지 못하고, 사랑에 신들린" 상태이다. 작품 속에 나타나는 시적자아가 지극히 자아 중심적이고, 자기 편향적인 상태이다. 그래서 약샤는 "나는 '쓰야마' 꽃에서 몸을, 놀란 사슴의 눈에서 눈길을, 달에서 얼굴빛을, 공작 깃들에서 머리카락들을, 자그마한 강 물결 속에서 눈썹 놀이를 보네!"(U-44)라고 다른 자연물 역시 의인화 시켜 묘사한다. 그러나 시적 자아인 약샤는 이처럼 자연물을 의인화 시켜도 "아, 매정한 이여, 허나 어느 한곳에도 당신 모습이 없구나!"(U-44)라고 한탄하듯이 자신이 그리워하는 아내의 모습을 아내가 아닌 다른 사물에서는 느끼지 못한다. 그래서 시인은 구름에게 "그대는 시달리는 이의 안식처이니 구름이여, 부의 신의 노여움 타 이별 한 나의 기별, 사랑하는 이에게 전해 주게!"(P-7)라고 사람에게 청을 하듯이 부탁 한다. 이것은 자연물에 대한 완전한 인격화이다.

이처럼 인격화되어 나타나는 구름은 인용된 부분에서 "생명의 물을 간직한 존재"로 묘사된다. 물이 창조의 근원이며 생명의 모태로 인도 문학에서 나타나는 것은 널리 알려진 사실이다. 시적 자아인 약샤에게 있어 생명은 아내에 대한 자신의 사랑이다. 그렇기에 생명의 물을 간직한 존재인 구름은 시적 자아인 약샤의 소망을 이루어 줄 수 있는 존재로 작품 속에 묘사된다. 구체적으로 구름은 작품 속에서 "시달리는 이의 안식처"(P-7), "오랜 놀이에 지친 번갯불이 아내"(P-41), "'발이'를 다스리려 들어올린 '위스누'의 검푸른 발처럼 비스듬히 아름다운 모습"(P-60), '삼지창 가진 분께 올리는 저녁예배 경탄스런 북소리 되어 은은한 천둥을 울리는 존재"(P-37), "'샴부'께서 뱀 팔찌 버리고 내민 손잡은 '가우리'님 발걸음 디뎌 거닐면, 안에 큰물 짙게 모아, 구비 구비 몸 만들어, 보석 산등 오르는 사다리'(P-63), "'빠슈빠띠의 모든 악기를 구비케 하는 북소리를 내는 존재"(P-59), "'아이라와따'의 얼굴 장식 고운 천"(P-65)과 "'깔빠드루마' 잎새들의 가냘픈 옷"(P-65), "'빠슈빠띠' 춤추려할 때 홍건한 '나가'의 가죽

옷"(P-39), "삼계의 스승이신 '짠디스와라'의 목 태깔"(P-36), "번쩍이는 번갯불에 놀라 눈가 놀리는 도시의 여인들 눈을 즐기는 존재"(P-28), "볼 땀방울 훔치느라 귓가의 연꽃 상처입어 시든 여인들 꽃 따는 얼굴에 잠시 그림자 드리워 만나 보는 존재"(P-27), "바람둥이의 온전한 성취 얻는 존재"(P-25), "숲에 노니는 아낙네 즐기는 그곳 꽃 덤불에 잠시 머무는 존재"(P-19), "소치기 모습을 한 '위스누'의 공작새 깃 빛나는 광채"(P-15), "'쓰깐다'에 스스로 꽃구름 되어, 은하수 적신 꽃비 내리는 존재, 바늘로 찌를 짙은 어둠타고 시야가 막힌 왕도에서 연인의 처소 찾아가는 여인에게 황금으로 그은 한줄기 빛 번갯불로 땅을 보여주는 존재"(P-40), "천신(天神)의 젊은 여인들이 팔찌의 뾰족한 곳으로 쳐서 물 나오게 하는 샤워시설"(P-64), "마음 여리고 자비로운 성품을 지닌 눈물을 흘리는 존재"(U-33) 등으로 나타난다.

구름에 대한 이러한 묘사는 구름의 단순한 의인화가 아니라 구름이라는 사물이 가지고 있는 존재 가능성에 기반 하여 시적 상황에 따라 시적 자아의 내적 존재를 구름에 투영시켜 유추되어질 수 있는 모든 형태로 구름을 묘사하는 것이다. "자기 자신 안에서 모든 것을 바라보고, 모든 것 안에서 자기 자신을 바라보는 이는 그로 말미암아 염오하지 않는다"[4] (Īśāvāsyopaniṣad, 6)라는 말을 통해 살펴지듯이 사랑하는 아내와 헤어진, 고통에 겨운 혐오스런 현실 삶을 살아가는 시적 자아인 약사는 구름에게서 자신 안에 있는 소망과 그 소망을 성취시켜줄 모든 존재 가능성을 바라보고, 그 존재 가능성을 자신의 내적 자아에서 찾아내어 시어로 형상화함으로써 궁극에는 자연 사물인 구름과 자신과의 존재적인 합일을 거쳐 고통을 극복한다. 결국 구름 이라는 자연 사물의 묘사는 시를 통해 일체 존재의 여여함의 인식이라는 영적인 이상 세계에 이르기 위한 통로임이 확인된다.

4 "yastu sarvāṇi bhūtānyātmannevānupaśyati, sarvabhūteṣu cātmānaṁ tato na vijugupsate."

"자연은 자연 그대로가 아니라 우리 자신, 또는 인간화가 이루어져야 비로소 시가 된다"(김용직, 2001: 103). ≪메가두따≫에서 묘사되는 자연물 가운데 하나인 산 역시 구름과 마찬가지로 다음과 같이 인간화가 이루어져 작품 속에 나타난다.

"사람들에게 경배 받는
'라마'의 발자국들
허리춤에 난,
정겨운 친구인
이 드높은 산 감싸 안으며
이제 떠난다고
이르게!
이 산은
그대와 만날 때마다
긴 이별이 만든
뜨거운 눈물 흘리어
깊은 정
드러내네."(P-12)

"무르익은 열매 빛나는
산 망고나무
주위에 뒤덮인
봉우리에
윤기 나는 머리타래 같은 색
그대 올라타면,
산은
가운데는 검고
나머지는 노랗게 넓게 퍼진
대지의 젖가슴 닮아
정녕 짝지은 불사의 신들에게
멋진 모습 보이리!"(P-18)

인용된 부분 가운데(P-12)에서 산은 의인화된 구름의 정겨운 친구로 묘사된다. 아울러 구름이 산에 이르러 내리는 비가 만들어낸 폭포수를 구름과 만날 때마다 그동안 구름과의 이별이 만들어낸 뜨거운 눈물을 산이 흘리어 구름에 대한 깊은 정을 드러내는 것으로 묘사한다. (P-18)에서는 노란 망고 열매가 산봉우리 둘레에 무르익어 갈 무렵 윤기 나는 검은색 구름이 봉우리에 오르면, 산은 노란 젖무덤에 윤기 나는 검은 젖꼭지를 한 대지의 젖가슴을 닮아 하늘에서 쌍쌍이 짝을 지어 즐기는 신들에게 멋있게 보이리라고 노래한다.

"시는 사물들의 내재적 존재와 인간 자신의 내면적 존재 사이의 상호교통이다"(Jacques Maritain, 1958: 3). ≪메가두땀≫이란 작품 속에서 시적 자아인 약샤는 사랑하는 아내와 일 년 동안 이별을 하여 "몸으로 몸과, 야윔으로 더 야윔과, 깊은 고통으로 고통과, 고인 눈물로 젖은 눈물과, 근심으로 한없는 근심과, 기나긴 큰 한숨으로 뜨거운 한숨과, 뒤집힌 운명 때문에 길이 막혀 멀리 머물며, 이렇게 마음으로 아내와 하나 되는"(U-42) 내면적 존재이다. 따라서 일 년 만에 다시 우기가 찾아와 구름이 산을 만나 비를 내리는 자연현상에 깃든 사물들의 내재적 존재와 "빗물은 눈물"이라는 의인법의 유추형식을 통해 시적 자아인 약샤는 상호교통 한다.

또한 시적 자아인 약샤는 "연인의 대담한 사랑의 손길에 앵두입술 여인들 아랫 고름 느슨히 풀어진 옷 벗겨지면, 높은 불꽃들 마주하여 수줍어 어쩔 줄 모르는 여인들이 보석 등에 뿌리는 한 움큼 향 가루가 헛되기만 하고"(U-7), "다정한 연인 팔 느슨히 포옹 풀린 여인들의 깊은 애정이 만든 몸의 피로를, 한밤중 주렴에 달린 월장석(月長石)들이 구름의 장막이 걷히어 밝아진 달빛에 영롱하게 흐르는 물방울로 씻어 내는"(U-9) 공간에 속한 내적 존재이다. 이러한 내적 존재인 약샤를 통해 시인은 산봉우리를 넓게 빙 둘러가며 노랗게 무르익어가는 망고열매 숲과 산봉우리에 오른 윤기 나는 검은 색 구름과의 어울림이 만들어내는 사물들의 내재적인 존재를 노란 젖무덤에 윤기 나는 검은 젖꼭지를 한 대지의 젖가슴이라는 의인법의 유추형식을 통해 시적 자아의 내적 존재와 상호 교통하게 하여 하늘에서 쌍쌍이 짝을 지어 즐기는 신들에게 조차 애정의 맛을 더해주는 관능미와 더불어 만물조응이라는 영적인 이상이 담긴 심상을 만들어낸다.

인용된 부분 외에 산은 작품 속에서 "고상한 이"(P-17), "기녀들 향 내음 우러나는, 읍내 사람들 거리낌 없는 청춘을 드러내는 동굴이 있는 곳"(P-26), "사향노루들 앉아 배꼽 향으로 향기로운 바위가 있는 곳"(P-55), "흰 연꽃 해맑은 산봉우리 더불어 하늘에 닿아 머물러, 산은 날마다 쌓인 '뜨리암바까'의 웃음"(P-61) 등으로 묘사된다. 이러한 묘사 역시 구름에 대한 묘사와 마찬가지로 산을 통해서 시적 자아인 약샤가 자신 안에 있는 소망과 그 소망을 성취시켜줄 가능성을 바라보며, 그 가능성을 담보하기 위한 묘사이다. 결국 구름과 마찬가지로 자연물인 산 역시 의인화된 자연 묘사를 통해 시적 자아인 약샤와 동화되어 현실 삶의 고통을 여의고 일체가 하나라는 존재의 본질을 담은 심상을 만들어낸다.

≪메가두땀≫의 자연물에 대한 묘사 가운데 구름과 산이 대체로 남성으로 의인화되어 묘사되는데 비해 강은 거의 여성으로 의인화되어 묘사된다. 자연물 가운데 구름을 남성으로 의인화 하여 묘사하고, 강을 여성으로 의인화 하여 묘사하는 것은 자연을 남성과 여성이 어우러지는 존재로 인식함을 의미한다. 이를 보다 자세히 살펴보기 위해 강에 대한 묘사를 예를 들면 다음과 같다.

"일렁이는 물결 따라 소리 내는
백조들
줄지어 허리띠 이루고,
흐느적 아름답게 흐르는

소용돌이
배꼽 드러나는
'니르윈드야' 강을 길에 만나
한껏 맛 보려나!
여인들이
연인들에게 하는
사랑의 첫 고백은
바로 요염한 몸짓이니!"(P-29)

"작은 물길 머리타래 이루는 강,
떠나는 그대에게
강가에 자라는 나무
떨어지는 낙엽
노랗게 물들어
이별의 정 나타내네,
그대의 행복
알려주며
강이 이별하는 법,
행운아여
그대 또한 따라야하네!"(P-30)

인용된 부분들(P-29) 가운데에서 시인은 자연물인 강은 여인으로, 강물결 따라 줄지어 일렁이며 소리 내는 백조를 여인의 허리띠로, 강 가운데 이는 소용돌이를 여인의 배꼽으로, 슬며시 굽어 흐르는 강줄기를 남성에 대한 사랑의 첫 고백인 여인의 요염한 몸짓으로 의인화 한다. 이러한 강의 의인화는 구름을 강의 연인인 남성으로 의인화함과 어울려 대자연에 대한 시인의 세계인식은 남성과 여성이 어우러지는 것임을 나타낸다. (P-30)에서도 마찬가지로 강은 여인으로, 강으로 흘러드는 상류의 여러 가는 물줄기들을 여인의 머리타래로, 강가에 자라는 나무들에서 떨어지는 노란 잎들에 물든 강의 색채를 사랑하는 연인과의 이별에 시름겨워 창백해진 여인의 얼굴색으로 묘사한다. 이 경우 역시 여성으로 의인화되는 강의 연인에 해당되는 남성은 구름이다.

시적 자아인 약사는 "허둥대는 걸음에, 머릿단에서 떨어진 '만다라'꽃들로, 귓가에서 흘러내린 황금연꽃 꽃잎들로, 커진 가슴 근처에서 줄 끊어져 흩어진 진주 목걸이들로, 그곳 밤길은 해가 떠오르면 바람난 여인들 길이란 걸 알려주는"(P-11) 남녀 간의 사랑이 자연스럽고도 일상적인 생활로 길이든 공간에 속한 존재이다. 이러한 공간에 속한 존재인 시적 자아는 "일 년 내내 사랑하는 여인과 이별하여 지내야하는"(P-1), 이별한 "사랑에 시름겨워 팔목이 야윈"(P-2), "사랑에 신들린"(P-5) 상태이다. 따라서 인용된 부분에서 보이듯이 시적 자아인 약사의 내적 존재는 "일렁이는 물결따라 줄지어 소리 내는 백조들"과 "흐느적 아름답게 흐르는" 강과 강 위에 드리운 구름이라는 자연물의 내재적 존재와 상호 교통하여 강과 구름을 서로 사랑하는 남녀의 모습으로 의인화한다. 이러한 의인화는 시적 자아의 결핍을 충족시키기 위한 수단이다. 즉 시적 자아는 강과 구름이라는 자연물에 침투되고, 강과 구름은 시적 자아에 침투되는 상호침투 작용을 통해 강과 구름은 시적 자아인 약사의 결핍을 대리 만족 시켜주는 존재로 작품 속에 묘사된다.

≪메가두땀≫의 다른 부분들에서 강은 "수수가지는 마치 푸른 물옷 슬며시 벗기어 잡은 손, 허리 드러난 여인"(P-44), "'가우리'의 얼굴 찌그러지는 눈썹 모양 물거품들로 비웃으며 달에 닿는 물결인 손으로 '샴부'의 상투 잡는 여인"(P-53), "날렵한 물고기 뛰어놀아 흔들리는 하얀 백련으로 눈길을 던지는"(P-43) 여인, "대지의 여신"(P-49), "연인마냥 산허리에 안겨, 하얀 비단 옷 흘려 내리는"(P-66) 여인 등으로 묘사된다. 이러한 의인화는 거의 한 결같이 요염하고 대담한 관능적인 여인의 모습이다. 자연물인 강을 이와 같이 관능적인 여인의 모습으로 의인화하여 묘사함은 시적 자아와

자연 사물의 내재적 존재가 상호 침투하여 형성된 세계관의 표현이다. 그리고 이러한 세계관은 관능적인 사랑과, 만물은 결국은 동일하다는 영적인 이상이 어우러지는 미학적 세계관이다.

"하나지만 현자들은 여러 가지로 말한다"[5](Ṛgveda, 1: 164: 46)에서 출발한 인도적인 세계관은 일체 사물이 궁극적으로 동일한 하나이기에 "지혜로운 사람은 지식과 겸손함을 갖춘 브라흐만이나, 소나, 코끼리나, 멍멍이나, 가장 천한 천민이나, 이 모두를 마찬가지로 바라본다"[6](Bhagavadgītā, 5: 18)는 자연 사물에 대한 시각에 이른다. ≪메가두땀≫의 자연묘사 역시 표층적으로는 구름, 산, 강 등의 자연물을 의인화하여 낭만적인 관능의 사랑을 그려내고, 시적 자아의 자기 소망인 사랑에 대한 결핍을 해소하는 것으로 나타나지만, 심층적으로는 의인화 과정과 다양한 묘사를 통해 자연물 안에서 시적 자아의 내적 존재를 확인하고, 시적 자아의 내적 존재 안에서 구름, 산, 강 이라는 자연 사물의 존재를 인간과 자연이라는 두 대립물의 상호삼투 과정을 거쳐 하나로 인식하게 하는 일체가 하나라는 인도적인 세계관의 표현이다. 이러한 표현은 단순한 관능의 단계와 더불어 일체의 존재가 다양함과 동시에 단일함이라는 영적인 이상의 세계, 즉 '다즉일일즉다(多卽一一卽多)'의 세계를, 하나로 어우러지게 하는 심상을 제공한다.

따라서 ≪메가두땀≫의 자연묘사는 "방위를 주재하는 코끼리들이 거대한 코로 휘감는 것 길가에 물리치며 북녘으로 얼굴 향해 하늘에 날려무나"(P-14)라고 약샤를 통해 구름에게 말하는 시인의 표현대로 유한한 세속미를 물리치며 무한한 이상의 심상을 향해 시상의 나래를 펴는 화엄미학의 높은 봉우리를 그려낸다.

---

5 "ekamsadviprā bahudhā vadanti."

6 "vidyāvinayasampanne brāhmaṇe gavi hastini, śuni caiva śvapāke ca paṇḍitāḥ samadarśinaḥ."

# 지은이에 대해

깔리다싸(Kālidāsa)는 산스크리트문학 최고의 작가다. 생존 연대에 대해서는 기원전 50년대에서 60년대, 기원후 4세기 말에서 6세기 전반, 기원후 11세기 등 다양한 설이 존재한다. 그러나 대체로 굽타(Gupta)시대(기원후 300~650)의 인물로 알려지고 있다. 출신지역도 정확하지 않으나 일부학자에 의해 히말라야에 인접한 가르왈(Gaḍhavāla) 지역인 것으로 추정된다. 전승에 따르면 젊은 시절 이루 말할 수 없이 멍청하였으나, 자신의 수려한 인물과 어느 도사(道士)의 도움을 받아 아주 학식이 높은 공주와 결혼했다. 그러나 첫날 밤 여자의 치마고름도 못 푸는 바보라는 사실을 눈치 챈 공주에게 심한 모욕을 당하고 그날 밤으로 버림을 받았다. 여인에게 모욕을 당하고 버림받은 충격에 깔리다싸는 죽고자 죽음의 여신인 깔리(Kāki)에게 귀의하며 연못 속으로 걸어 들어갔다. 물이 목에 차 죽음에 이르게 되자 마침내 깔리 여신이 현현하여 깔리다싸가 자신을 그토록 애타게 부르며 죽기를 원하는 이유에 대해 물었다. 너무 멍청하고 바보이기 때문에 더 이상 살고 싶지 않다고 깔리다싸가 대답하자, 깔리 여신은 그 자리에서 그에게 학문과 지혜의 은총을 베풀었다. 그 이후로 깔리다싸는 입을 열기만 하면 시가 꽃잎처럼 나오는 현인이 되었다 한다. 깔리다싸(Kālidāsa)라는 이름은 '죽음의 여신인 깔리(Kāli)'의 '노예(dāsa)'라는 뜻이다. 일설에는 오늘날의 우제인(Ujjain)에 있던 왕국의 궁정시인이었다고 한다. 깔리다싸의 작품으로는 희곡으로 ≪아비갸나샤꾼딸람(Abhjñānaśakuntalam)≫, ≪위끄라모르바쉬얌(Vikramorvaśīyam)≫, ≪말비까그니미뜨람(Mālavikāgnimitram)≫, 서사시로 ≪라구완샴(Raghuvaṁśam)≫, ≪꾸마라쌈바밤 (Kumārasambhavam)≫, 그리고 서정시로 ≪메가두땀(Meghadūtam)≫, ≪리뚜쌍하람(Ṛtusaṁhāram)≫ 등이 있다.

# 앞 구름

(전편)

# 1

자기 할 일 게을리 하여
주군께 형벌 받아
초능력 잃고
일 년 내내
사랑하는 여인과 견디기 힘든 이별 겪어야하는
어떤 '약샤'는
'라마'가 머물던 산
'자나까'왕의 딸이 몸을 씻어
성스러워진 물가
수행자가 사는 곳
짙은 그늘 드리운 나무들 아래
거처를 마련했네.[7]

---

7 산스크리트 원문은 '까(ka)'라는 음으로 시작된다. '까'라는 음은 남성명사로는 '창조의 신인 브라흐마'(Brahmā), '우주를 보호・유지・육성하는 신인 위스누(Viṣṇu)', '사랑의 신인 까마(Kāma)', '불(火)임과 동시에 불의 신인 아그니(Agni)', '바람임과 동시에 바람의 신인 와유(Vāyu)', '도덕과 죽음의 신인 야마(Yāma)', '태양임과 동시에 태양의 신인 쑤르야(Sūrya)', '광채, 영혼, 왕, 왕자, 매듭, 공작새, 새, 마음, 몸, 시간, 구름, 소리, 소년' 등을 의미한다. 그리고 중성명사로는 '기쁨, 환희, 물, 머리' 등을 의미한다. 산스크리트의 모든 음은 의미를 지니고 있으며, 산스크리트 시인들은 전통적으로 자기 작품의 주제와 내용을 함축하고 있는 음을 작품의 첫 음으로 선택한다. 따라서 이 작품은 '까'라는 음이 의미하듯이 왕이나 왕자처럼 신분이 고귀한 존재가 죽음 같은 이별의 고통 속에서 소년처럼 어린 마음에 바람결에 움직이는 구름에 부탁하여 사랑을 이루고 그 사랑을 유지하게 한다는 것을 주제로 삼는다. 또한 물, 공작새, 새, 몸, 마음 등이 작품의 주요 제재를 이루어 이별의 고통을 매듭짓고 사랑의 기쁨과 환희를 시간이 지나 얻게 된다는 것이 작품의 주요 내용이다.
'약샤(Yakṣa)'는 반신반인(半神半人)의 존재로서 부(富)의 신인 '꾸베라(Kubera)'의 신하다. 따라서 작품에서 주군(主君)은 부의 신인 꾸베라를 의미한다. 약샤는 본래 초능력을 가지고 있어 하늘을 날 수 있고, 투명하게 되어 모습이 보이지 않을 수 있으며, 멀리 떨어진 상대와 이심전심의 마음을 전할 수 있는 존재다. 그러나 작품 속에서 현재 약샤는 자신의 주군인 꾸베라가 내린 형벌에 의해 초능력을 상실한 상태다. '난다르기까르(Nandargikar)'라는 인도 학자의 의견에 따르면, 이 작품에 등장하는 약샤의 임무는 부의 신인 꾸베라가 우주를 파괴하고 새

로운 우주가 탄생하게 하는 동인(動因)이 되는 신인 '쉬바(Śiva)' 신께 바칠 아침 연꽃을 준비하는 일이었다. 어느 날 약샤는 사랑하는 부인과의 잠자리에서 아침 일찍 일어나는 것이 싫어 전날 밤에 연꽃을 따 놓게 되었다. 연꽃은 해가 뜨면 봉우리가 열리고 해가 지면 봉우리가 닫힌다. 그리고 이따금 꿀벌이 해가 지는 줄도 모르고 연꽃에서 꿀을 빠는데 몰두하다 해가 져서 닫히는 연꽃 봉우리 안에 갇히게 되는 경우가 있다. 마침 약샤가 전날 밤에 따 놓은 그 연꽃은 꿀을 빠는데 여념이 없던 벌이 봉우리 안에 갇혀 있던 연꽃이었다. 아침이 되어 꾸베라가 쉬바 신께 연꽃을 바치려하자, 아침 햇살에 피어난 연꽃 안에서 막 잠에서 깨어난 꿀벌이 놀라 날아올라 꾸베라의 손가락을 쏘았다. 만일 약샤가 이른 아침에 갓 피어난 연꽃을 따 놓았다면, 약샤가 연꽃을 따가지고 오는 동안 꿀벌이 날아가 버렸을 테니, 꾸베라가 벌에 쏘일 리가 없다. 따라서 꾸베라는 약샤가 자기 할 일에 게을러 전날 밤에 연꽃을 따다 놓은 것을 알게 되었다. 부인과의 잠자리에서 일찍 일어나기가 싫어서 그런 것을 알고는 꾸베라는 약샤에게서 신통력을 빼앗고, 사랑하는 부인과 일 년 동안 멀리 떨어져 지내게 되는 형벌을 내렸다. 서양학자인 윌슨(H. H. Wilson)에 따르면, 이 작품에 등장하는 약샤의 임무는 부의 신인 꾸베라의 정원을 지키는 일이다. 어느 날 약샤가 정원에서 자리를 비운 사이에 신들의 왕인 '인드라(Indra)'의 코끼리가 들어와 정원을 뭉개 놓았다. 이에 화가 난 꾸베라는 자기 할 일을 게을리 한 약샤에게 형벌을 내리게 되었다. 윌슨의 이야기보다는 난다르기까르의 이야기가 작품의 분위기를 한껏 살려준다.

'라마(Rāma)'는 우리나라 가야국 김수로왕의 왕비인 허황옥의 출신국인 아유타, 즉 '아요드야(Ayodhyā)'국의 국왕이다. 산스크리트 2대 서사시 가운데 하나인 ≪라마야나(Rāmāyaṇa)≫의 주인공으로 인도에서 라마는 우주를 보호·유지·육성하는 신인 '위스누(Viṣṇu)' 신의 열 개의 화신(化身) 가운데 하나로 섬겨지는 신성한 존재다. 청년시절 라마는 '미틸아(Mithilā)'국의 현자이며 국왕인 '자나까(Janaka)'왕의 딸 '씨따(Sītā)'와 결혼을 했다. 씨따는 대지의 여신을 어머니 삼아 태어난 성스런 여인이다. 자신의 아들이 이처럼 훌륭한 여인과 결혼을 하자 부왕인 '다샤라타(Daśaratha)'는 라마에게 왕위를 물려주려고 했다. 그러나 계모는 자기 아들인 '바라따(Bharata)'를 왕위에 오르게 하기 위해 라마가 14년 동안이나 나라를 떠나 지내게 만든다. 어려운 추방생활 가운데서도 라마는 부인과 숲에서 황금처럼 소중하고 아름다운 날들을 보낸다. 그러던 어느 날 오랑캐 나라인 '랑까(Laṁkā)'국의 왕인 '라와나(Rāvaṇa)'가 라마의 부인인 씨따를 납치하고, 라마는 바람의 아들인 원숭이 '하누마나(Hanumāna)'의 도움을 받아 랑까를 정벌하고 부인을 되찾아 온다. 번역문에서 '라마가 머물던 산'은 산스크리트 원문인 '라마기리(Rāmagiri)'를 번역한 말이다. 산스크리트 주석가인 '말리나타(Mallinātha)'에 따르면 라마기리는 지금의 '분델칸드(Bundelkhand)'에 있는 '찌뜨라꾸따(Citrakūṭa)'산이다. 그러나 '윌슨(H. H. Wilson)'에 따르면 라마기리는 지금의 '나그뿌르(Nāgapura)'에서 북쪽으로 약간 떨어진 곳에 위치한 '람떽(Ramtek)'이라고 한다. 라마는 납치당한 씨따에게 소식을 전하기 위해 바람의 아들인 하누마나에게 말한다. 약샤는 자신의 부인에게 소식을 전하기 위해 바람이 몰고 가는 구름에게 말한다. 그리고 약샤가 구름에게 말하는 장소가 바로 라마와 씨따가 한 때 행복하게 머물던 산이다. 약샤에게는 사랑하는 부인에 대한 마음이 보다 간절히 일어나게 되는 곳이다. 말리나타에 따르면 '그늘 드리운 나무'는 '나메루(Nameru)'라는 나무라고 한다.

## 2

가녀린 여인과 이별한,
사랑에 시름겨워
야윈 그는
황금팔찌가 흘러내려
허전한 팔목으로
산에서 몇 달을 보내다
장마 첫날에 이르러
산을 얼싸 안는,
등성이를 비스듬히 상아로 부벼 미는 놀이 하는,
코끼리로 보이는
구름을 보았네.[8]

---

8 말리나타(Mallinātha)는 몇 달을 8개월이라고 한다.

## 3

마음을 뒤흔드는
구름 앞에
망연히 서서
왕 중 왕의 신하는
눈물이 가슴 가득, 생각에 잠겼네.
구름 바라보면
행복한 사람의 마음 씀도 예사롭지 않거늘
하물며 목을 끌어안고자 하는
여인이 멀리 떨어져 있는 경우야
오죽하리오![9]

9 '왕 중 왕'은 부의 신인 '꾸베라(Kubera)'를 의미한다.

# 4

하늘이 가까이 다가오자
아내가 애처로워
도움이 되고자
그는 생명의 물 간직한 구름 더러
자신의 안녕 소식 전하려
그 구름에게
갓 피어난 산꽃들 받잡아 들고는
반가와 하며
다정하게 환영의 말 건넸네.[10]

10 '하늘이 가까이 다가오자'를 말리나타를 비롯한 '깔레(M. R. Kale)'와 '데와다르(C. R. Devadhar)' 등 대부분의 학자들이 '스라와나(Śrāvaṇa) 달(月)이 가까이 다가오자'등의 의미로 해석을 한다. 그러나 원문인 '나브하씨(nabhasi)'라는 말은 '스라와나(Śrāvaṇa) 달에'로 뿐만 이 아니라 '하늘이…하자'라는 의미로도 해석이 된다. 장마철이 되어 구름이 낮게 드리우면, 마치 하늘이 땅 가까이 다가온 것처럼 느껴지는 것은 자연스러우며, 오히려 시의 맛을 더해 준다. 깔리다싸 같은 대시인의 표현으로는 '스라와나 달이 가까이 다가오자'보다는 오히려 '하늘이 가까이 다가오자'가 어울린다.

## 5

연기 햇살 물 바람들이
어우러진 구름,
온전한 지체를 가진 생명들이
전해야할 소식의 의미들,
이들은 따로 따로 이거늘
은둔한 '약샤'는
애욕에 못 이겨
헤아리지 못하고
구름에 애원하네.
사랑에 신들린 이
정감 있는 것과 정감 없는 것들에 대해
구별이 희미해지기 때문이네.[11]

11 '은둔한 약샤'는 원문 '구흐야까(Guhyaka)'를 우리말로 옮긴 말이다. 구흐야까는 '숨김, 덮음' 등의 의미를 지닌 어근 '구흐(guh)'에서 파생된 낱말로 약샤의 다른 이름이다. 시의 문맥에 따라 '은둔한 약샤'로 옮긴다.

# 6

'뿌스까라' 와 '아와르따까'
이렇게
세상에 알려진 가문들에서 태어난
그대는
'마고나'에겐 으뜸 인물이요, 원하는 대로 모습 지님을
나는 아나니,
하여, 운명에 사로잡혀 친구들과 멀리 떨어진 나는
그대에게 부탁하네,
덕이 없는 사람에게 사정하여 뜻을 이룸보다는
헛일이 되더라도
덕이 많은 사람에게 간구함이
더 낫기 때문이네![12]

---

12 '뿌스까라와르따까(Puṣkarāvartaka)'는 '코울부룩(Colebrooke)'에 의하면, 세상 종말에 대홍수를 일으키는 비를 뿌리는 구름이다. ≪브라흐마안다뿌라나(Brahmāṇḍa Purāṇa)≫에 전거를 두는 윌슨에 따르면, 구름은 불에서 생겨난 것, 창조주인 '브라흐마(Brahmā)'의 숨결에서 생겨난 것, 그리고 신의 왕인 인드라(Indra)가 잘라낸 산 날개들에서 생겨난 것 이렇게 세 종류가 있으며 '뿌스까라와르따까(Puṣkarāvartaka)'는 바로 신의 왕인 '인드라(Indra)'가 잘라낸 산 날개들에서 생겨난 구름이며, 물을 머금은 구름이다. 그러나 산스크리트 주석가인 '말리나타(Mallinātha)'에 따르면, 뿌스까라와르따까는 구름들 가운데 가장 뛰어난 '뿌스까라(Puṣkara)'와 '아와르따까(Āvartaka)'라는 서로 다른 두 가지 구름의 이름이다. '데와다르(C. R. Devadhar)' 역시 '뿌스까라(Puṣkara)'와 '아와르따까(Āvartaka)'를 별개의 두 가지 구름으로 본다. '마고나(Maghona)'는 신들의 왕인 '인드라(Indra)'의 다른 이름이다.

## 7

그대는 시달리는 이의 안식처니
구름이여,
부의 신의 노여움 타 이별 한 나의 기별
사랑하는 이에게
전해 주게!
'알아까' 라는 곳이 바로 그대가 가야할 곳,
바깥 정원엔
'쉬바'신의 머리에 매달린 달빛 머물러
'약샤'의 왕의 궁궐이
해맑게 씻긴
곳이네![13]

---

13 '알아까(Alakā)'는 부의 신인 '꾸베라(Kubera)'의 나라다. 히말라야 산봉우리 가운데 하나인 '까일아싸(Kailāsa)' 산에 또는 그 산 아래에 있다고 한다. '알아까'를 '와쑤다라(Vasudhārā)', '와쑤쓰탈이(Vasusthalī)', 또는 '쁘라바(Prabhā)'라고도 부른다. '까일아싸(Kailāsa)' 산은 쉬바 신의 거처이며, 초승달은 쉬바 신의 머리 장식이다. 깔레에 따르면 부의 신인 꾸베라는 '쉬바(Śiva)'신의 친구다. 그래서 쉬바는 꾸베라의 정원에 머물기 때문에 쉬바 신의 머리에 매달린 초승달이 꾸베라의 궁궐을 햇볕보다도 더 밝게 비춘다고 한다. '약샤의 왕'은 부의 신인 꾸베라를 의미한다.

# 8

바람의 길 올라 탄 그댈
나그네의 아낙들은
이젠 안심하며
머리 쓸어 올려 바라보리라![14]
그대가 펼쳐져도,
이별에 시달리는 아낼
남몰라 하는 사람은
남에게 메인 삶 사는 나 같은 이 말고는
아무도 없으리라!

14 비가 내리는 우기는 먼 길을 떠난 나그네들이 자신들의 아내가 있는 집으로 돌아오는 계절이라는 의미다.

# 9

막힘없이 가는 그대,
한 남자만을 그리며
목숨 부지하는
날짜 헤아리기에 골몰한
형제의 아내를 분명 보게 되리니,
희망이란 매듭은
꽃처럼 일찍 떨어지기 쉬운
아름다운 몸매 지닌 여인의 마음을
떨어져 있는 동안
사랑에 매어 놓네![15]

15 윌슨 본은 이 부분과 바로 다음에 이어지는 부분의 순서가 바뀌어 있다. 즉, 윌슨 본에 따르면 이 부분이 10연에 해당되며, 10연이 9연에 해당된다.

## 10

뉘엿뉘엿
순풍은 그댈 몰아가고
들뜬 저 '짜따까' 새
느릿느릿
그대 왼편에서
감미로이 노래하네.
암두루미들
분명 짝짓기에 길이 들어
사랑스레 보이는 그댈
하늘에서 줄지어
섬기네.[16]

16 깔레에 따르면 '짜따까(Cātaka)'는 오로지 빗물만 마시는 새로서 구름이 나타나기만을 기다리는 새다. 말리나타에 따르면 순풍이 불고, 짜따까 새가 지저귀고, 두루미를 보게 되면 길조다. 그리고 윌슨에 따르면 짜따까 새, 공작새, 그리고 사슴 같은 동물이 왼편에 나타나면 길조다.

# 11

대지에 버섯이 솟아나고
번성케 하는
그대의 울림
귓가에 정겨운 그 소리 들어
'마나싸' 호수로 갈 마음 일어난 백조는
연꽃 새순 조각
하늘에 나그네 양식 삼아 베어 물고
'까일아싸' 산까지
그대 길동무 되리.[17]

17 '마나싸(Mānasa)' 호수는 '까일아싸(Kailāsa)'산에 있는 성스러운 호수다. 우리에겐 수미산으로 알려진 '까일아싸(Kailāsa)'산은 윌슨에 따르면, 히말라야 산줄기에 있으며 귀중한 보석과 수정으로 된 산이다. 부의 신인 '꾸베라(Kubera)'의 나라와 쉬바신의 거처가 있는 산이기도 하다.

# 12

사람들에게 경배 받는
'라마'의 발자국들
허리춤에 난,
정겨운 친구인
이 드높은 산 감싸 안으며
이제 떠난다고
이르게!
이 산은
그대와 만날 때마다
긴 이별이 만든
뜨거운 눈물 흘리어
깊은 정
드러내네.[18]

---

18 말리나타에 따르면 이 산은 '찌뜨라꾸따(citracūṭa)' 산이다.

## 13

구름아,
이제 그대 갈길 일러주리니
들으렴,
목마른 귓가 적셔줄 나의 소식
그 길 따라 들으리니,
지칠 때마다
산들에 발길 뉘어가며 가리니,
쇠약해 질 때마다
산뜻하게 해줄
산골 물
마시게 되리라!

# 14

"어쩌면 바람이 산봉우리 실어가는 지 몰라!"
'씯다'의 순진한 아내
이렇게 깜짝 놀라
얼굴 들어
넋 빠지게 보게 하는 그대!
못가에 '니쭐아' 자라는 이곳에서
방위를 주재하는 코끼리들이
거대한 코로 휘감는 것
길가에 물리치며
북녘으로 얼굴 향해
하늘에
날려무나.[19]

---

19 '씯다(Siddha)'는 요가를 통해 '씯디(siddhi)'로 불리는 초능력을 성취한 반신반인의 존재다. 초능력인 씯디는 여덟 가지가 있으며 다음과 같다. 티끌처럼 작아 질수 있는 초능력인 '아니마'(aṇimā), 태산처럼 커질 수 있는 능력인 '마히마(Mahimā)', 깃털처럼 가벼워질 수 있는 능력인 '라기마(Laghimā)', 천근만근 무거워질 수 있는 능력인 '가리마(Garimā)', 어떤 물건이든 얻을 수 있는 능력인 '쁘라쁘띠(prāpti)', 마음에 뜻하는 모든 바를 성취할 수 있는 능력인 '쁘라깜야(prākāmya)', 모두를 다스릴 수 있는 능력인 '이쉬뜨바(īśitva)', 다른 사람을 자기 마음대로 복종시킬 수 있는 능력인 '와시뜨바(vaśitva)' 등이다. 때로는 가리마 대신에 모든 욕망을 억제할 수 있는 능력인 '까마와싸여이따(kāmāvasāyitā)'를 넣기도 한다.
깔레에 따르면 '니쭐아(Nicula)'는 물가나 습지에서 자라는 등나무 종류다. 그리고 깔레에 따르면 암수 여덟 쌍의 코끼리들이 팔방을 수호한다. 따라서 '방위를 주재하는 코끼리들'은 여덟 방위를 지키는 코끼리들을 의미한다. 말리나타에 따르면 '니쭐아(Nicula)'는 다른 사람들이 깔리다싸의 작품에 대해 지적하는 결점들을 제거해주던 동학(同學)의 이름을, '방위를 주재하는 코끼리'를 의미하는 원문의 '딩나가(Diṁnāga)'는 깔리다싸를 반대하던 불교학자의 이름을 동시에 의미하며, '길가'의 '길'은 '언어와 학문 그리고 예술의 길'인 '싸라쓰와따마르가(Sārasvatamārga)'를 뜻한다. 따라서 말리나타에 따르면 위의 시연은 '무결점으로 인해 머리 높여 언어와 학문 그리고 예술의 길에서 '딩나가'가 지적하는 잘못들을 물리치며 언어와 학문 그리고 예술을 성취한 대시인들과 여인들이 열망하며 바라보는 이가 되어 드높아 지라!'는 의미가 담겨있게 된다. 이에 대해 깔레는 딩나가는 기원후 5세기에서 6세기경의 인물로, 그리고 깔리다싸는 기원전 1세기경의 인물로 보아 두 사람이 동시대인이라는 사실을 부인한다.

## 15

보석들의 광채가 뒤섞인 것 마냥
보이는 '인드라'의 활 조각인
바로 이 무지개
흰개미 집 앞에서 일어나
그로 검은 그대의 몸
많은 광채 얻으리,
소치기 모습을 한
'위스누'의
공작새 깃
빛나는 광채처럼.[20]

20 인도에서는 무지개를 신들의 왕인 '인드라(Indra)'의 활이라고 한다. 인도에서는 흰개미가 큰 흙더미 같은 집을 짓는데, 깔레에 따르면 그런 흰개미의 집에 사는 뱀의 머리에 있는 보석에서 무지개가 솟아난다고 한다. '위스누(Viṣṇu)'는 우주를 보호·유지·육성하는 신이다. 세상이 어려움에 처할 때마다 방편에 맞는 다양한 모습으로 화현하여 세상을 구한다. 모두 열 개의 화현이 있으며, '끄리스나(Kṛṣṇa)'는 그 가운데 하나다. 끄리스나는 공작새의 깃을 머리에 장식으로 달고 있는 소치는 목동의 모습으로 주로 표현된다.

## 16

농사의 결과는 그대에게 달렸기에
눈웃음치기 서투른
시골아낙들 기쁨에 겨워 글썽이는 눈길 속으로
빨려 들면서
방금 쟁기질로 향기로운 산마루 농지에 오른 다음
잠시 후 가벼운 걸음으로
바로 북녘 향해
다시
가게나.[21]

---

21 윌슨은 '산마루'를 '아마라꾸따의 높은 산마루(Amarakuta's lofty ridges)'라고 번역하고, 깔레는 '말아의 농지(the field of Māla)' 라고 번역한다.

# 17

'아므라꾸따'산은
장대비로 숲 불 잠재운
그대를
길의 피로에 지친
그대를
머리로 잘 이어 주리니,
친구가 의지해 오면
보잘 것 없는 이도
지난 고마움 생각해 외면 않거늘
하물며 고상한 이인 경우야
어련하리! [22]

---

22 '아므라꾸따(Āmrakūṭa)' 산은 윌슨에 따르면 '윈드야(Vindhya)' 산맥 동쪽에 위치하고, '나르마다(Narmada)' 강과 다른 강들이 발원하며, 봉우리 또는 봉우리 둘레 숲에 망고나무들이 있다는 의미를 가진 산이다.

## 18

무르익은 열매 빛나는
산 망고나무
주위에 뒤덮인
봉우리에
윤기 나는 머리타래 같은 색
그대 올라타면,
산은
가운데는 검고
나머지는 노랗게 넓게 퍼진
대지의 젖가슴 닮아
정녕 짝지은 불사의 신들에게
멋진 모습 보이리!

구름이여!
'아므라꾸따' 산은 여로에 지쳐 찾아온
그대를 찬양하며 드높은 머리로
떠받쳐 올려 보내리니
그대 또한 장대비로
그 숲 불 잠재우게.
훌륭한 이들은
은혜에 감사하는 보답
머뭇거리지 않는다네![23]

---

23 말리나타의 산스크리트 주석이 이 부분에 대해서는 없으며, 깔레에 따르면 후대에 삽입된 부분이다.

## 19

숲에 노니는 아낙네 즐기는 그곳
꽃 덤불에 잠시 머물고는
물 내려
보다 빨라진 걸음으로
얼른 비스듬히
길 가면,
바위들 울퉁불퉁 '윈드야' 산자락
코끼리 몸 장식 선마냥
여러 갈래 흐르는
'레와' 강
보게 되리.[24]

24 '윈드야(Vindhya)' 산은 '데칸(Deccan)' 고원으로부터 중북부 인도가 갈라지는 경계가 되는 산이다. '레와(Revā)'강은 인도의 강들 가운데 성스러운 강의 하나이며, '나르마다(Narmadā)' 강으로 불리기도 한다. '코끼리 몸 장식 선'은 코끼리 몸에 선으로 무늬를 그려서 장식한 것을 뜻한다.

# 20

비를 토해낸 구름이여,
숲 코끼리의
향기로운 '마다' 내음에 물든
'잠부' 숲 때문에
흐름이 막힌 그 강 물
들고 가게.
속이 찬 그댈
바람은 어쩌지 못하리니,
빈 것은 모두 가벼운 것이요
충만한 것은 묵중함을 위한 것이라네.[25]

---

25 '마다(mada)'는 발정기에 수코끼리의 관자놀이 부근에서 흘러내리는 액체다. 마시면 취한다고 한다. '잠부(Jambū)'는 떫은맛을 내는 까맣고 작은 열매가 맺히는 나무다. 인도전통의학에 따르면 떫은맛은 토한 다음에 사용되는 치료제다.

## 21

벌꿀은
반쯤 꽃술이 올라와 녹갈색이 된
'니빠' 꽃 보고는,
사슴은
물 가까이
첫 봉우리 솟아 오른 '깐다리'를 먹고는,
코끼리는
숲에서 몹시도 향기로운
땅 내음 맡고는,
물방울 뿌린 그대의 길 나타내리.[26]

26 깔레에 따르면 '니빠(Nīpa)'는 '까담바(Kadamba)' 나무라고도 하며, 장마철에 꽃이 피고, 첫 빗방울을 맞으면 꽃 봉우리가 맺힌다. '깐다리(Kandalī)'는 자그마하고 아름다운 밝은 붉은색 꽃을 피우는 잎이 진녹색의 작은 나무다. 벌꿀은 니빠 꽃을 좋아하고, 사슴은 깐다리를 좋아하고, 코끼리는 이제 막 비가 내려 생겨나는 흙냄새를 좋아한다고 한다.

## 22

물방울 잡아채기 잘하는
'짜따까' 새들
바라보며,
숫자 세어
줄지은 학들
가리켜 보이며,
천둥소리 날 때
함께 움직이던 사랑스런 여인
놀라 떨며 품에 안겨옴을 맛보아서
'씬다'들은
그대를 존중하리!

# 23

벗이여,
내 기쁨위해
서둘러 간다하여도
산꽃 향기 배인 산들마다 그대 시간 지체함
내 아노니,
눈물 그렁한 공작새 울음 환영받으며
반긴 그대여,
어떻게든
얼른
가도록 하게.

## 24

그대가
다가오면
'다샤르나'는
꽃 봉우리 가는 끝 열린
'께따까' 꽃들로 정원의 울타리
노오라니 물들고,
집에서 공양 받는 새들
둥지 트느라
동네 길가 성황나무 북적이며,
검게 열매 익어 아름다운 '잠부'나무 숲은
백조들
한동안 머물기
알맞게 되리라![27]

---

27 '다샤르나(Daśārṇa)'는 '열 개의 성이나 요새를 가진 나라'를 의미한다. 또는 '윈드야(Vindhya)' 산에서 발원하여 흐르는 강의 이름이기도 하다. 여기서는 나라를 의미한다.

## 25

그런 중
사방에 유명한
'위디샤'란 이름 가진 서울에 가
그대는 후딱
바람둥이의 온전한 성취 얻으리니,
감미롭게 일렁이는 물결
'웨뜨라와띠'강물
눈 섶 살짝 찡그린 입 인양
강가에 소리 내며
즐거이
마시리라네.[28]

28 '웨뜨라와띠(Vetravatī)' 강은 오늘 날의 '베뜨와(Betwah)' 강이다. '윈드야(Vindhya)' 산맥 북쪽에서 발원하여 '말바(Mālvā)' 지역을 통과하며 북동쪽으로 흘러 '알라하바드(Allahabad)' 북서쪽에서 '야무나(Yamunā)' 강에 합류한다.

# 26

그대를 만나 활짝 피어난
무르익은
'까담바'꽃 기뻐 솜털 일어난 것 같은,
산이 낮아
'니짜이하' 라 이름난 산,
그곳에
그대여, 쉬려 머무르게.
기녀(妓女)들 향내음 우러나는 산 동굴은
읍내 사람들 거리낌 없는 청춘
드러내네.[29]

29 '니짜이하(Nīcaiḥ)' 라는 말은 산스크리트로 '나즈막하게' 를 의미한다.

## 27

쉰 다음,
숲 강가에 생겨난 정원들의
'유티까'꽃 봉우리에
신선한 물방울 뿌리며 가게,
볼 땀방울 훔치느라
귓가의 연꽃
상처입어 시든 여인들
꽃 따는 얼굴에
잠시 그림자 드리워
만나보고
가게.[30]

30 '숲 강'을 윌슨은 '윈드야(Vindhya)' 산맥에서 발원하는 작은 강 가운데 하나를 의미하는 고유명사인 '와나나디(Vananadī)'로 본다. 깔레에 따르면 와나나디는 다른 판본들에서는 샛강을 의미하는 '나와나디(Navanadī)' 또는 뱀강을 의미하는 '나가나디(Naganadī)'로도 나타난다. 말리나타의 주석에 따라 와나나디를 '숲 강'으로 옮긴다.

# 28

북녘 향해 떠나가는
그대의 길
벗어나도
'우자여이니'의
높은 회벽 만나길 외면 말게,
그곳에서
번쩍이는 번갯불에 놀라
눈가 놀리는
읍내 여인들의 눈
그대 즐기지 못한다면
헛되리니.[31]

31 '우자여이니(Ujjayinī)'는 '위샬아(Viśālā)'로도 불리는 곳이며, 깔레에 따르면 본 작품의 작가인 깔리다싸가 머물던 곳이다.

## 29

일렁이는 물결 따라 소리 내는
백조들
줄지어 허리띠 이루고,
흐느적 아름답게 흐르는
소용돌이
배꼽 드러나는
'니르윈드야' 강을 길에 만나
한껏 맛보게,
여인들이
연인들에게 하는
사랑의 첫 고백은
바로 요염한 몸짓이니![32]

---

32 '니르윈드야(Nirvindhyā)'는 말리나타의 주석에 의하면 '윈드야(Vindhya)' 산맥에서 발원하는 강이라는 의미다. 그리고 깔레에 따르면 니르윈드야는 앞의 주석에 나오는 '나가나디(Naganadī)' 강과 나중에 언급되는 '쉬쁘라(Śiprā)' 강 사이에 흐르는 윈드야 강에서 발원하는 작은 지류 가운데 하나다.

# 30

작은 물길 머리타래 이루는 강,
떠나는 그대에게
강가에 자라는 나무
떨어지는 낙엽
노랗게 물들어
이별의 정 나타내네,
그대의 행복
알려주며
강이 이별하는 법,
행운아여
그대 또한 따라야하네!

## 31

'우다야나'의 이야기
잘 아는 노인들
마을에 사는
'아완띠'에 닿아,
앞서 말한 영화(榮華) 가득한
'위샬아' 국에
다가가게.
착한 행실의 결과
작게 삭아 들어
땅으로 내려온 이들이
남은 선덕(善德)으로 가져온
천국의 영광
하늘나라 한 조각처럼
빛나니![33]

---

33 '우다야나(Udayana)'는 '싸하쓰라니까(Sahasrānika)'의 아들이며, '와뜨싸(Vatsa)'왕국의 왕이다. ≪브리하뜨까타(Bṛhatkathā)≫, ≪브리하뜨까타만자리(Bṛhatkathāmañjarī)≫, 그리고 ≪까타싸리뜨싸가라(Kathāsaritasāgara)≫ 등의 설화집을 통해 전해지는 이야기에 따르면, '우자여이니(Ujjayinī)' 왕국의 왕인 '쁘라드요따(Pradyota)'에게는 '와싸와닫따(Vāsavadattā)' 라는 공주가 있었다. '찬다마하쎄나(Chaṇdamahāsena)' 로도 불리는 쁘라드요따 왕은 자신의 딸을 '싼자야(Saṁjaya)' 라는 이름의 왕에게 시집보내고 싶어 했다. 그러던 어느 날 와싸와닫따 공주는 꿈에서 우다야나를 보고는 사랑에 빠지게 되었다. 공주는 자신의 마음을 우다야나에게 전하고, 부왕인 쁘라드요따는 이 사실을 알고는 우다야나를 유인하여 우자여이니에 잡아 가두게 된다. 그러나 우다야나는 탈출에 성공한 다음 와싸와닫따 공주를 데리고 자신의 왕국인 와뜨싸 국으로 돌아간다.
'아완띠(Avantī)'는 '나르마다(Narmadā)'강 북쪽에 위치한 나라 이름이다. '위샬아(Viśālā)'는 '우자여이니(Ujjayinī)' 왕국의 다른 이름이다. 전해오는 이야기에 따르면 살아생전에 지상에서 착한 일을 한 시간 만큼 사후에 천국에서 살다가 그 시간이 다 차게 되면 다시 지상으로 태어나게 된다. 그러나 지상에서 착한 일을 행한 시간 보다 적게 천국에서 살게 되는 경우가 있는데, 그럴 경우에는 남은 시간에 해당되는 만큼의 천국의 영광을 지상으로 가져온다고 한다. 시인은 바로 '우자여이니(Ujjayinī)'가 그러한 천국의 영광을 지상으로 가져온 나라라고 말한다.

# 32

이른 아침
두루미들의 감미로운 울음
선연히
길게 늘어나게 하는
'쉬쁘라' 강 바람
피어나는 연꽃 향 어울려
향기로운
그곳은
몸에 편안한 바람이
달래기에 능숙한
연인처럼
이른 아침
사랑에 지친 여인들의 피로를 없애네.[34]

---

34 '쉬쁘라(Śiprā)'는 '우쟈여이니(Ujjayinī)'에 흐르는 강 이름이다.

# 33

그곳에 늘어선
상점들에서
큰 보석 달린
맑은 진주 목걸이,
소라와 조개,
여린 풀 빛 푸르른
취옥(翠玉)의 휘황한 광채들과
산호 조각들 무수히 보면
바다엔 마치
물만 남은 듯 하리네.[35]

35 말리나타의 산스크리트 주석본에는 있으나, 윌슨 본에는 없는 부분이다.

# 34

'쁘라드요따'의 사랑스런 딸을
'와뜨싸'의 왕이
이곳에서 데려갔네!
'쁘라드요따'왕의 황금빛 종려나무 숲은
이곳에 있었네!
바로 '날아기리'가
취해 이곳에서 기둥을 뽑고
휘젓고 다녔네!
이렇게
잘 아는 사람들이
그곳에선
찾아온 친구들을
즐겁게 하네.[36]

36 이 부분은 말리나타의 산스크리트 주석본에는 있으나, 윌슨 본에는 없는 부분이다. 말리나타와 깔레에 따르면 '날아기리(Nalagiri)'는 신들의 왕인 '인드라(Indra)'가 '우자여이니(Ujjayinī)'국의 왕에게 선물한 코끼리의 이름이다.

# 35

창문으로 퍼져 나오는
머리단장 향훈들로
몸 불리고,
벗 반기는
집공작새들 춤 환대받으며,
아름다운 여인들 발에 그린
홍색 물감자국
깊게 배인
이곳 저택들,
꽃향기들 안에서
부(富)의 여신
바라보며
길에서 쌓인 피로 풀게.

## 36

주인님의 목 태깔이구나!
이렇게
'가나'들은
공손히 바라보리니,
삼계의 스승이신
'짠디스와라'의 성스런
거처로 가게나!
물놀이에 빠진
젊은 여인들의
목욕으로 향기로운
'간다와띠'강의
연꽃 꽃술 향기 물든
바람에 흔들리는 정원으로 가게나![37]

---

37 '가나(Gaṇa)'는 반신(半神)들이며 '쉬바(Śiva)' 신을 섬기는 무리들이다. 허공은 쉬바의 여덟 가지 형태 가운데 하나다. 신화에 따르면 옛날에 천신들과 악신들이 휘저은 우유 바다에서 온 세상을 죽음으로 몰고 갈 독이 나오자 쉬바는 자비심이 일어 세상을 지키기 위해 그 독을 손으로 받아 입 안에 넣었다. 그러나 독을 삼키면 그 독이 너무 강해 쉬바 자신마저 죽음을 모면 할 수 없기에 쉬바는 독을 삼키지도 뱉지도 못하고 그냥 목에다 간직했다. 바로 이렇게 간직한 독 기운이 퍼져 쉬바의 목은 푸르게 멍이 들었다. 이런 이유로 쉬바는 목이 푸르기에 푸른 목이란 의미로 '닐아깐타'(Nīlakaṇṭha)라고도 부른다. 이러한 쉬바의 모습은 불교에서 관세음보살 가운데 하나인 청경관음(靑頸觀音)으로 일컬어진다. 시인은 허공에 드리운 검푸른 비구름을 쉬바의 푸른 목으로 형상화하고 있다. '짠디스와라(Caṇḍīśvara)'는 쉬바의 배우자인 '빠르와띠'(Pārvatī)의 다른 이름으로 광포한 모습을 의미하는 '짠디(Caṇḍī)'라는 낱말과 절대자 또는 주인을 의미하는 '이스와라(Īśvara)'가 결합하여 만들어진 복합어로 쉬바를 의미한다. '간다와띠(Gandhavatī)'는 깔레에 의하면 '우쟈여이니(Ujjayinī)' 근처에 흐르는 작은 강의 이름이다. 간다와띠는 향기로운 강이란 의미를 지니며 우리말로 옮기면 향강(香江)이 된다.

# 37

물을 지닌 이여!
혹은
다른 시간에
'마하깔아'에 이르러
태양이
그대의 눈길 벗어날 때까지 머물게나.
삼지창 가진 분께 올리는
저녁예배
경탄스런 북소리 되어
은은한 천둥소리들의 성과
그대
남김없이 얻으리니![38]

---

38 '마하깔아(Mahākāla)'는 깔레에 따르면 '우쟈여이니'에 있는 쉬바 사원과 그 사원에 있는 신상을 의미한다. 또한 마하깔아는 쉬바의 다른 이름이기도 하다. 쉬바는 삼지창을 가지고 있다. 그래서 쉬바를 창을 가진 분이라는 의미에서 '슐인(Śūlin)'이라고 부른다.

## 38

디디는 발길 따라 소리 나는
허리띠,
손잡이에 보석 빛 아로새긴
털부채,
우아하게 흔들어
손길 지친
기녀(妓女)들
그곳에서
손톱자국 편안한 첫 빗방울 맞아
벌꿀들 줄지은
긴 눈 꼬리
그대에게 던지리라.

# 39

이어 높은 팔 나무 숲 둥글게
감겨들며
갓 피어난 '자빠' 꽃 붉은 색
석양 빛 지니어
**'빠슈빠띠'**
춤추려할 때
흉건한 '나가'의 가죽생각 없애게나.
두려움 가셔
편안히 미소 띠는
'바와니'의 눈길에
그대의 헌신(獻身)
보이리니![39]

---

39 '빠슈빠띠(Paśupati)'는 중생의 어버이 또는 보호자라는 의미로 쉬바의 다른 이름이다. '나가(Nāga)'는 코끼리를 의미하며, 말리나타에 따르면 쉬바가 코끼리 모습의 악신인 '가자아쑤라(Gajāsura)'를 죽인 다음에 악신의 가죽을 벗겨 피가 흐르는 그 가죽을 팔에 걸치고 우주 파괴의 춤인 '딴다바(tāṇḍava)' 춤을 추었다고 한다. 또한 '모니에르 윌리암(Monier William)'에 따르면 쉬바는 딴다바 춤을 출 때마다 코끼리 악신의 가죽을 걸치고 춤을 춘다고 한다. '바와(Bhava)'는 쉬바의 다른 이름이며, '바와니(Bhavanī)'는 '바와의 아내'라는 뜻으로 쉬바의 배우자인 '빠르와띠(Parvatī)'의 다른 이름이다.

## 40

그곳에서
밤에,
바늘로 찌를
짙은 어둠타고
시야가 막힌
왕도에서
연인의 처소 찾아가는 여인에게
황금으로
그은 한줄기 빛 번갯불로
땅을 보여주게.
비 내리고 천둥소리 내지 말게나.
그녀들은
두려움
가득하나니!

# 41

어느 저택의 지붕
잠든 비둘기들 있는 곳에서
오랜 놀이에 지친
번갯불이
아내인 그대,
그 밤을
보내고
해가 다시 나타나면,
그대여
남은 길 가게!
친구를 위해 맡은 일들은
진정 지체되지 않나니.

# 42

상처 입은 여인들의
그렁거리는 눈을
연인들은
다독여야 할
바로 그때,
그대는
태양의 길
얼른 비켜나게!
연의 연꽃 얼굴에서
그는 다시
이슬 무기 없애려
되돌아오나니,
그대가
햇살을 막으면
적지 아니
노여워하리![40]

---

40 시인은 아침에 떠오르는 태양을 밤새 바람피우고 아침에 자신의 여인에게로 돌아오는 남자로, 그리고 연꽃을 밤새 버림 받은 여인으로 묘사한다. 연꽃에 맺힌 이슬을 여인의 무기인 눈물로 비유한다.

## 43

'감비라' 강의 해맑은
마음 같은 물에
그대의 영혼인 그림자
자연히 아름답게
들어가리니!
하여
그대 머뭇거려
이 강의 하얀 백련(白蓮)
날렵한 '샤파라' 물고기 뛰어놀아
던지는 눈길
헛되게 해서는 아니 되리라![41]

41 '감비라(Gambhīrā)'는 깔레에 따르면 '말바(Mālvā)' 지방을 흐르는 작은 강의 이름이다. 윌슨에 의하면 '샤파라(Śaphara)'는 물속에서 쏜살같이 헤엄치는 작고 희게 빛나는 물고기다. 뛰노는 물고기들 때문에 흔들리는 하얀 연꽃이 매혹적인 유혹의 눈길을 던지는 여인의 눈에 어리는 흰자위를 연상케 한다.

# 44

수수가지는
마치 그 강의 푸른 물옷
슬며시 벗기어 잡은 손 인양
빈 강둑 허리
드러나네!
벗이여,
미적이는 그대의 출발
어이 하리!
풍류를 아는 그 누가
허리 드러난 여인을
떠날 수
있으리!

# 45

그대가 물을 내려
불어난 흙 내음 어울린
향기로운
싱그런 바람,
상아 솟은
코끼리 코로 소리 나게
즐거이 마셔지며
숲 무화과들
익히는 바람,
'신(神)'자가 앞에 붙은 산 가려는
그대 아래에
불리라![42]

42 '신(神)자가 앞에 붙은 산'은 말리나타에 따르면 신을 의미하는 '데바(deva)'와 산을 뜻하는 '기리(giri)'가 합쳐져 만들어진 '데바기리(Devagiri)'라는 산이다. 윌슨에 의하면 데바기리는 '말바(Mālva)' 지방의 중심부에 위치한 '데바구르(Devagur)' 산이다.

# 46

그곳에 거처 정한
'쓰깐다'에
스스로 꽃구름 되어
그대여,
은하수 적신
꽃비 부으려무나!
'와싸바'의 군대
보호하려
초승달 지닌 이
제물을 나르는 화신(火神)의 입에
태양을 능가하는 빛
진정
간직케 하였나니![43]

---

43 '쓰깐다(Skanda)'는 '까르띠께야(Kārtikeya)', '아그니부(Agnibhū)', '샤다나나(Ṣadānana)', '샨무카(Ṣaṇmuka)', 그리고 '강가뿌뜨라(Gaṁgāputra)' 라고도 불리며, 쉬바(Śiva)의 아들로서 천신들의 군대의 대장군이다. 출생에 대한 이야기는 깔리다싸(Kālidāsa)의 ≪꾸마라쌈바밤(Kumārasambhavam)≫라는 작품에 자세히 언급되어 있다. ≪꾸마라쌈바밤≫에 따르면 '쉬바(Śiva)'와 '빠르와띠(Parvatī)'가 결혼하여 낳는 아들이 천신(天神)의 군대를 이끌고 악신인 '아쑤라(Asura)'들을 물리칠 수 있는데, 쉬바가 결혼하여도 아들을 낳지 않자 천신의 왕인 '인드라(Indra)'는 불의 신인 '아그니(Agni)'를 보내 상황을 알아보게 한다. 아그니가 비둘기로 변신하여 쉬바가 빠르와띠와 합방하는 것을 지켜보던 중 쉬바는 자신의 정액을 아그니의 입에 던져 넣는다. 불의 신인 아그니 조차 입안에 들어온 쉬바의 뜨거운 정액을 감당하지 못하고 갠지스 강에 정액을 뱉어 놓게 된다. 그러자 갠지스 강에서 목욕을 하던 27숙 별자리들 가운데 세 번째 별자리 무리인 여섯 명의 '끄리뜨띠까(Kṛttikā)'에게 잉태되어 쓰깐다는 화살갈대 숲에서 태어났다. 여섯 명의 끄리뜨띠까에게서 태어나 쓰깐다는 까르띠께야 라고도 불리며, 이렇게 태어난 쓰깐다는 머리가 여섯이요, 팔과 눈이 각각 열두 개 라고 한다. '와싸바(Vāsava)'는 '와쑤(Vasu)'들의 왕이란 의미이며, 신들의 왕인 인드라의 다른 이름이다. 와쑤는 모두 여덟이며 '모니에르 윌리암스(Monier-Williams)'에 따르면 그 이름들은 다음과 같다. '아빠(Āpa, 물)', '드루바(Dhruva, 북극성)', '쏘마(Soma, 달)', '다바(Dhava)' 또는 '다라(Dhara)', '아닐아(Anila, 바람)', '아날아(Anala, 불)' 또는 '빠와까(Pāvaka, 불)', '쁘라뜨유샤(Pratyūṣa, 새벽)', '쁘라바싸(Prabhāsa, 빛)' 등이다. 때때로 '아한(Ahan, 낮)'이 물인 '아빠(Āpa, 물)'에 대체되기도 한다.

# 47

빛나는 둥근 선,
떨어진 그 깃털
'바와니'는 아들에 대한 사랑에
푸른 연꽃 놓일 귓가에 꽂네,
'하라'의 달빛에 씻기어
눈가 해맑은
불의 신의 자손의 그 공작새
이제 산에 메아리쳐
육중한 울림으로
춤추게 하게.[44]

---

44 '바와니(Bhavanī)'는 쉬바의 부인인 빠르와띠의 다른 이름이다. 그리고 '하라(Hara)'는 쉬바의 다른 이름이다. 공작새는 '쓰깐다(Skanda)'의 탈 것이다. 쓰깐다가 불의 신인 아그니의 입에 담겼다가 나왔으므로 불의 신의 자손이라고 한 것이다.

## 48

이 화살갈대 숲에서
태어난
신을
예배하고,
'위나' 챙긴 '씯다'의 짝들이
물방울 두려워
길 벗어나게 하는
그대여,
길 건너가
'쑤라비'의 딸을 잡아 생긴,
강의 모습으로
땅에 나타난,
'란띠데바'의 영광
기리며
머물게![45]

45 '화살갈대 숲에서 태어난 신'은 '쓰깐다(Skanda)'를 말한다. '위나(Vīṇā)'는 고대부터 내려오는 인도의 전통 현악기로 주로 신들에게 예배를 드릴 때 사용된다. '씯다(Siddha)'는 요가 수행을 통해 초능력을 얻은 반신반인의 존재를 의미한다. '쑤라비(Surabhi)'의 딸은 소를 의미한다. '란띠데바(Rantideva)'는 깔레에 따르면 인도의 단군 격인 '바라따(Bharata)'의 6세 손이며 '다샤뿌라(Daśapura)' 국의 왕이다. '도우슨(Dowson)'에 의하면 란띠데바는 매우 부유하고 자비로운 왕이었다. 말리나타에 따르면 란띠데바가 제사를 올리기 위해 잡은 수많은 소들의 피가 흘러 '짜르만와띠(Carmaṇvatī)'라는 강이 되었다고 한다.

# 49

뿔화살 가진 이의 색깔 훔친
그대가
물 가지려
수그리면,
그 강의 흐름은
크지만 멀리서는 작게 보이리.
하늘에
움직이는 이들
돌아서 한 눈길 모아
대지의 여신의
진주목걸이인양
그댈 가운데 크나큰
사파이어로
보리라![46]

46 '위스누(Viṣṇu)'의 활은 뿔로 만든 활이다. 따라서 '뿔화살 가진이'는 위스누를 의미한다. 위스누는 모두 열 개의 화현(化現)이 있는데, 그 가운데 '끄리스나(Kṛṣṇa)'는 검은 색이다. 따라서 여기서 '뿔화살 가진이'는 끄리스나를 뜻한다. '하늘에 움직이는 이들'은 말리나타에 의하면 요가 수행을 통해 초능력을 성취한 '씯다(Siddha)'와 허공계에 살며 반신반인의 존재로 천상의 음악을 담당하는 '간다르바(Gandhārva)' 등이다.

## 50

눈 꼬리치기 익숙한,
눈썹 위로 올려
교태어린
검고 다양한 빛깔의,
'꾼다'꽃 따라
움직이는
벌꿀의 아름다움을 훔친,
'다사뿌라'여인들의
호기심어린 눈에
그대 모습
비추며
그 강 건너
가게나!

## 51

'브라흐마와르따'국을
이제 그림자
드리워 들어가며
전사들의 싸움 흔적 아로새긴
'까우라바'의 땅으로 가게나.
그곳에선
'깐디바'활을 가진 이가
그대가 연꽃에 빗줄기 내리듯
예리한 수백의 화살 줄기
왕들의 얼굴에
퍼부었나니![47]

47 '브라흐마와르따(Brahmāvarta)'국은 ≪마누쓰므리띠(Manusmṛti, 마누법전)≫에 따르면 성스러운 '싸라쓰와띠(Sarasvatī)'강과 성스러운 '드리샤드와띠(Dṛṣadvatī)'강 사이에 신들이 세운 나라다. '까우라바(Kaurava)'의 땅은 말리나타에 의하면 '꾸루끄쉐뜨라(Kurukṣetra)'다. 꾸루끄쉐뜨라는 먼 옛날 '까우라바'와 '빤다바(Pāṇḍava)'로 불리는 사촌 형제들이 지지 세력을 모아 왕권을 놓고 편을 갈라 큰 싸움을 벌이던 전쟁터다. '깐디바(Kāṇḍīva)'는 빤다바의 다섯 형제들 가운데 둘째이며, 신들의 왕인 인드라의 아들인 '아르주나(Arjuna)'의 활 이름이다. ≪마하바라따(Mahābhārata)≫라는 대서사시에 이 전쟁에 관한 자세한 이야기가 실려 전한다.

# 52

우정 때문에
전쟁 외면한
쟁기든 이
'레와띠'의 눈길 아로 새긴
마음에 드는 술 버리고,
그 물
마셨네!
운 좋은 그대여,
색으로는 검지만
그 '싸라쓰와띠'강물 마셔
그대 또한
속안은
정결해지리라![48]

48 '쟁기든 이'는 '끄리스나(Kr̥ṣṇa)'의 형인 '발아라마(Balarāma)'를 의미한다. 발아라마는 쟁기를 무기로 삼았으며, '레와띠(Revatī)'는 그의 부인이다. 발아라마는 '까우라바(Kaurava)'와 '빤다바(Pāṇḍava)' 모두의 친구라서 '마하바라따(Mahābhārata)'의 전쟁에 참가하지 않았다. 선인(仙人)을 살해한 죄를 속죄하기 위해서 성지를 순례하며 좋아하던 술을 끊은 적이 있다.

# 53

그로부터
'까나칼아' 가까이
산의 왕 히말라야에서 내려온
'자흐누'의 딸,
'싸가라'의 아들들이
천국에 이르는
줄사다리로
가게나.
그녀는
'가우리'의 얼굴
찌그러지는 눈썹 모양
물거품들로
비웃으며
달에 닿는 물결인
손으로
'샴부'의
상투 잡나니.[49]

---

49 '싸가라(Sagara)'는 인도의 먼 옛날 태양왕조의 왕으로 수 백 마리의 말들로 제사지내려 했다. 그러자 신들의 왕인 '인드라(Indra)'가 제사가 제대로 이루어지면 싸가라의 권능이 너무 커질 것을 두려워한 나머지 말들을 훔쳐서 지하세계인 '빠딸아(Pātala)'에 가져가 '까삘아(Kapila)' 선인(仙人)이 고행을 하고 있는 곳 근처에 숨겨 놓았다. 싸가라에게는 6만 명이나 되는 아들들이 있었는데, 이들이 말을 찾아 땅을 파기 시작해 마침내 지하 세계인 빠딸아에 이르렀다. 싸가라의 아들들은 까삘아 선인 곁에 말들이 있는 것을 보고는 선인을 말 도둑으로 몰아붙이며 비난 했다. 이에 노여움을 탄 선인은 분노의 불길로 6만 명이나 되는 싸가라의 아들 모두를 불에 태워 재로 만들었다. 선인의 저주에 의해 이들은 모두 천상의 강인 '갠지스(Gaṁgā)'가 지상으로 흘러 그들의 재를 적시기 전에는 하늘로 승천하지 못하

고 수백 년 동안이나 재가 된 채로 지하세계에 갇혀 있어야만 했다. 싸가라와 싸가라의 아들인 '안슈만'(Aṁśumān)도, 싸가라의 손자인 '딜이빠(Dilīpa)'도 이들을 구원할 수 없었다. 그러던 중 싸가라의 먼 후손인 '바기라타(Bhagirātha)'가 대단한 고행을 해서 하늘의 강인 갠지스가 땅으로 흐르게 할 힘을 얻게 되었다. 그러나 하늘의 강인 갠지스를 땅으로 흐르게 할 수 있다고 하여도 하늘에서 갠지스가 비류직하로 지상으로 흐르게 되면 온 세상이 다 물길에 쓸려 사라지는 것이 문제였다. 이에 바기라타는 창조의 신인 '브라흐마(Brahmā)'의 조언을 받아 고행을 하며 쉬바에게 머리로 갠지스를 땅에 떨어지기 전에 먼저 받아줄 것을 부탁했다. 바기라타가 일 년간 고행을 하자 파괴의 신이며 파괴를 통한 새로운 창조가 비롯되게 하는 신인 쉬바는 그의 부탁을 받아들여 갠지스를 머리로 받아들이려 했다. 쉬바가 머리로 갠지스를 받으려 하자 갠지스는 교만한 마음에 쉬바 마저 물길에 쓸어버리려고 거세게 쉬바의 머리에 떨어져 내렸다. 그러나 갠지스는 신통을 부린 쉬바의 머리에서 수년을 헤매며 이리 저리 흘러도 쉬바의 상투조차 벗어날 수 없었다. 바기라타가 다시 쉬바에게 부탁하여 드디어 갠지스는 일곱 개의 강줄기로 또는 열 개의 강줄기로 쉬바의 상투를 벗어나 지상에 흐르기 시작했다. 지상을 흐르게 된 갠지스는 물길을 열어 가다 '자흐누(Jahnu)' 선인의 제장(祭場)을 휩쓸어 버렸다. 자흐누 선인은 이에 노해 갠지스를 한 입에 마셨다. 바기라타가 자흐누 선인을 거듭 달래자 선인은 갠지스를 자신의 두 귀로 흘려보냈다. 브라흐마는 바기라타의 이러한 노력에 감복하여 갠지스를 바기라타의 이름을 따서 '바기라티(Bhāgīrathī)'로 불리게 했다. 아울러 갠지스가 자흐누의 두 귀에서 흘러 나왔다고 해서 갠지스를 자흐누의 딸이라고도 한다. 또한 쉬바가 갠지스를 지니고 있다고 해서 쉬바를 갠지스를 지니는 존재라는 의미에서 '강가다라(Gaṁgādhara)'라고도 부른다. '까나칼아(Kanakhala)'는 갠지스 강인 '강가(Gaṁgā)'가 히말라야 산에서 내려와 처음으로 평원을 흐르기 시작하는 지점인 '하리드와라(Haridvāra)' 인근의 성지다. '가우리(Gaurī)'는 쉬바의 부인인 '빠르와띠(Parvatī)'의 다른 이름이며, '샴부(Śambhu)' 역시 쉬바의 다른 이름이다. 초승달이 장식으로 걸려 있는 쉬바의 머리 상투에서 하얀 물거품을 날리며 흘러 나오는 갠지스 강을, 질투하는 부인을 하얀 웃음으로 비웃으며, 사랑받는 남자의 상투를 어루만지는 여인의 모습으로 의인화 하고 있다.

# 54

그대
신상(神像)처럼
하늘에 뒷몸 비스듬 달려
맑은 수정처럼 투명한
그 물 마시려하면,
강에 비친
그대의 그림자
그 강과 얼른 마주하여
'야무나'강과
다른 곳에
합류하는
아름다움
얻으리![50]

---

50 갠지스 강인 '강가(Gaṁgā)'강과 '야무나(Yamunā)'강, 그리고 '싸라쓰와띠(Sarasvatī)'강은 인도의 북서부 지역을 흐르는 성스러운 세 강들이다. 이 강들 가운데 강가 와 야무나 강이 '쁘라야가(Prayāga)', 지금의 일라하바아드에서 합류한다. 이곳에서는 갠지스 강에 드리운 구름의 그림자가 강에 어울려 마치 야무나 강과 갠지스 강이 합류한 듯한 아름다운 모습을 띠우리라고 시인은 말한다. 인도에서는 두 강이 만나 하나의 강으로 합류하는 지점을 성지로 여긴다.

# 55

사향노루들 앉아
배꼽 향으로
향기로운
바위,
바로
그 강의 근원
눈으로 하얀 산 이르러
길 피로 풀려
봉우리
앉으면,
눈이 셋인 신의
흰 소가 파헤친
진흙에
비견할 아름다움
그대 지니리라.[51]

51 '눈이 셋인 신'은 쉬바를 의미한다.

## 56

바람 불어
소나무 등걸 부비어
일어나는
산불, 불꽃
북스럽한 야크 털 무더기 불붙는 불길
그 산 괴롭히면,
수천의 물줄기로
그대 산불 잠재우기 족하니,
고상한 이의 재산은
재난 맞는 이의 어려움
없앰이
그 가치라네!

# 57

히말라야에서 으르렁 대며
잽싸게 뛰어 오르는
'샤라바'들은
얼른 길 벗어난
그대에게
자기네 몸 부수려
덤비나니,
억센 우박 한껏 내려
박살내게!
초반에
기세 꺾이면
그 누군들 별 볼일 없게 되지 않으리![52]

52 깔레에 따르면, '샤라바(Śarabha)'는 히말라야에 산다고 하는 다리가 여덟 개가 달린 동물로 일설에는 새라고도 한다. 여덟 개의 다리 가운데 네 개는 등에 달려 있다고도 하며, 사자를 죽이는 사나운 동물이다.

# 58

그곳 바위에 찍힌
초승달 왕관 쓴 이의
발자국을,
'씯다'들에 의해
늘 제물
올려지는 것을,
몸 숙여 예경하며 돌이 하게!
믿음 가진 이들
그것을 보면
몸을 벗어난 후
죄악 씻기어
영원한 '가나'의 품위(品位)
얻는다네![53]

53 '씯다(Siddha)'는 요가수행을 통해 초능력을 성취한 이들이며, '가나(Gaṇa)'는 쉬바 신의 신하들이다.

## 59

바람 채워
대나무들
감미로이 소리 내네,
‘낀나리’들
어울려 삼성(三城)승리 노래하네,
그대의 소리
동굴에 울리면
북소리 같으리니,
그곳엔
‘빠슈빠띠’의
모든 악기
구비 되리라![54]

---

54 생김새는 사람인데 얼굴은 말의 얼굴인 사람을 ‘낀나라’(Kiṁnara)라고 하며, 낀나라 족의 여자들을 ‘낀나리(Kiṁnarī)’라고 한다. ‘빠슈빠띠(Paśupati)’는 쉬바의 다른 이름이다. 쉬바의 삼성(三城) 승리에 관한 이야기는 ≪마하바라따(Mahābhārata)≫에 의하면 다음과 같다. 악신인 ‘따라까(Tāraka)’의 세 아들 ‘따라끄샤(Tārākṣa)’, ‘까말아끄샤(Kamalākṣa)’, 그리고 ‘위드윤말이(Vidyunmālī)’는 고행을 하여 창조의 신인 ‘브라흐마(Brahmā)’를 만족시킨 후에 각각 금속으로 만든 성에 살면서 하늘 길을 오가게 하고, 천년에 한번 그들이 사는 세 성이 서로 만나는 순간 화살 하나를 써서 세 성을 멸망시키는 이에 의해서만 그들의 성이 멸망할 수 있게 되는 소원을 빌어 그 소원을 이루었다. 각기 쇠와 은 그리고 금으로 만들어진 성에 살면서 이들은 천신들과 선인들을 괴롭혔다. 따라끄샤의 아들인 ‘하리(Hari)’가 고행을 하여 연못을 하나 만들었는데, 그 연못물에 죽은 악신들을 담그면, 악신들이 다시 살아나는 그런 신비한 연못이었다. 그래서 천신들의 왕인 인드라가 아무리 애를 써도 이들의 성을 함락시킬 수 없었다. 마침내 천신들이 쉬바에게 도움을 청하여 쉬바는 대지의 여신인 ‘쁘리트비(Pṛthvī)’를 마차로 삼고, 천신의 왕인 인드라, 수신(水神)인 ‘와루나(Varuṇa)’, 도덕의 신인 ‘야마(Yama)’, 부의 신인 ‘꾸베라(Kubera)’, 이렇게 네 신들을 네 필의 말로 삼고, 여섯 계절을 지닌 태양을 활로 만들고, 위스누와 달의 신인 ‘짠드라마(Candramā)’ 그리고 화신(火神)인 ‘아그니(Agni)’를 화살로 삼아 세 성이 하나로 만나는 순간을 노려 화살을 날려 세 성을 멸망시켰다. 쉬바가 세 성을 멸망시키는 순간 위스누가 암소의 모습을 하고 브라흐마를 새끼소로 삼아 악신들의 신비한 연못물을 모두 마셔버렸다고 한다.

# 60

히말라야 산자락
그 특별한 곳들 지나
'브리구빠띠'의 명성 이루는 길
백조의 통로
그 '끄라운짜'굴에서
북쪽으로,
'발이'를 다스리려
들어올린
'위스누'의 검푸른 발처럼
비스듬히
아름다운 모습으로
가게나![55]

---

55 '브리구빠띠(Bhṛgupati)'는 사제계급인 브라흐만으로 태어나 사악한 왕공무사 계급들을 도끼로 징치한 '빠라슈라마(Paraśurāma)'의 다른 이름이다. 빠라슈라마 역시 위스누의 열 개의 화현 가운데 하나다. 깔레에 따르면 까일아싸 산에서 쉬바에게 궁술을 배운 빠라슈라마는 '끄라운짜(Kraunca)' 산을 화살로 꿰뚫은 까르띠께야의 명성에 도전코자 화살을 날려 끄라운짜 산에 구멍을 만들었다. 마나싸 호수로 가는 백조들이 바로 이굴을 통해 마나싸 호수로 간다고 한다. '발이(Bali)'는 악신으로 삼계 모두가 그의 영토였다. 천신들의 부탁으로 위스누가 난장이의 모습을 하고 찾아가 세 발걸음을 디딜 정도의 땅만을 보시로 달라고 청하자 발이는 허락을 한다. 그러자 위스누는 신통을 부려 한 걸음에 태양이 있는 곳을 디디고, 두 걸음에 북극성이 있는 곳을 디딘 후에 마직만 세 번째 발걸음을 디디자 그만 발걸음이 우주를 벗어나 우주를 감싸고 있던 막이 터져 버리고 말았다. 이렇게 우주의 막이 터져 생긴 구멍을 통해 우주를 감싸던 물이 흘러 들어와 은하수가 되었다고 한다.

# 61

이어 위로 올라
'다샤무카'의 팔에 의해
산 매듭 당겨진,
삼십 여인들의
거울인
'까일아싸'의 손님이
되려무나.
흰 연꽃 해맑은 산봉우리 더불어
하늘에 닿아 머물러
그 산은
날마다 쌓인
'뜨리암바까'의
웃음 같나니![56]

---

56 '다샤무카(Daśamukha)'는 얼굴이 열 개 라는 의미로 오랑캐의 우두머리인 '랑까(Laṁkā)'국의 국왕인 '라와나(Rāvaṇa)'의 다른 이름이다. 라와나는 쉬바의 은총을 입어 대단한 권능을 얻었다. 그러나 어리석은 라와나는 자신의 권능에 도취되어 쉬바신의 거처인 까일아싸 산을 쉬바가 깊은 명상에 잠긴 동안 자기 나라로 가져가려 한 적이 있다. 라와나가 산을 떼어내려 잡아끌자 산이 흔들리기 시작하고 쉬바의 부인인 빠르와띠는 두려움에 어쩔 줄 몰랐다. 그러자 쉬바는 명상에서 깨어나 자신의 엄지발가락으로 라와나를 가볍게 눌러 오랜 세월 발가락 아래 가두어 두었다. 일설에 의하면 라와나는 발아래 갇히지 않고 쉬바가 발로 누르려 하자 도망쳐 나왔다고도 한다. '뜨리암바까(Tryaṁbaka)'는 눈이 셋이라는 의미이며 쉬바의 다른 이름이다. '삼십 여인'은 말리나타에 따르면 천신의 여인들이다. 천신의 수가 삼십이기에 천신의 여인을 '삼십 여인'이라고 한다. 까일아싸 산은 쉬바 신의 거처이며, 수정으로 된 산이라고 한다. 따라서 까일아싸 산이 천신의 여인들의 거울이라고 시인은 말한다.

## 62

윤기나는 눈화장
가루 빛깔
그대가
막 잘라낸 상아조각 하얀
산등에
올라가면,
쟁기 가진 이의
어깨에 걸친
검은 옷 마냥
눈길 모으는
산의
아름다움 이루리![57]

57 '발아라마(Balarāma)'의 무기는 쟁기다. 따라서 '쟁기 가진 이'는 '끄리스나(Kṛṣṇa)'의 형인 발아라마를 의미한다. 발아라마는 흰 피부에 검은 옷을 입었다고 한다. 이곳에서는 눈이 덮인 까일아싸 산을 방금 잘라낸 하얀 상아 조각처럼 살결이 흰 발아라마로, 그리고 눈가에 바른 화장품 색깔처럼 검은 비구름을 발아라마의 검은 색 옷으로 비유하고 있다.

# 63

그곳 놀이 산에서
'샴부'께서
뱀 팔찌 버리고
내민 손잡은
'가우리'님
발걸음 디뎌
거닐면,
그대여,
앞서 안에
큰물 짙게 모아
구비 구비 몸 만들어
보석 산등 오르는
사다리노릇 하려무나.[58]

58 '샴부(Śambhu)'는 쉬바의 다른 이름이며, '가우리(Gaurī)'는 쉬바의 부인인 '빠르와띠(Pārvatī)'의 다른 이름이다. 쉬바의 팔을 코브라가 팔찌 장식처럼 감고 있기에 작품에서 뱀 팔찌라고 말한다.

# 64

그곳에선 분명 천신(天神)의 젊은 여인들
팔찌의 뾰족한 곳으로 쳐서
물 나오게
그댈
샤워시설이 되게 하리니,
벗이여,
만일
더위 먹은 그녀들에게서
풀려날 수 없으면,
놀이에 흥겨운
그녀들 귀에
거친 울림들로
겁먹게
하려무나.

# 65

구름아!
황금 연꽃 피어나는 '마나싸'
물 마실 때
'아이라와따'의
얼굴 장식 고운 천 되고,
'깔빠드루마' 잎새들의
가냘픈 옷 인양
바람결에
일렁이며,
여러 모습
놀이하며
산왕(山王)을
마음껏 음미하려무나.[59]

59 '마나싸(Mānasa)'는 까일아싸 산에 있는 호수다. '아이라와따(Airāvata)'는 천신들의 왕인 인드라(Indra)가 타고 다니는 코끼리의 이름이다. '깔빠드루마(Kalpadruma)'는 천상에 있는 나무로 이 나무에 소원을 빌면 모두 이루어진다고 한다. '산왕'은 까일아싸 산을 의미한다.

## 66

연인마냥
산허리에 안겨,
하얀 비단 옷
흘러 내리는
갠지스 강,
바로 '알아까'임을
그대여,
마음껏 노닐며 알리라!
그대들 철이 오면,
빗방울 내리는 구름무리
머리에 인
그곳 드높은 칠층 누각은
아리따운 여인네
머릿단 묶은
진주 끈 태깔
지닌다네![60]

60 '알아까(Alakā)'는 부의 신인 꾸베라가 다스리는 나라이며, 바로 시의 화자인 약샤의 아내가 있는 곳이다. 윌슨 본은 이 부분과 다음 부분이 계속 이어지지만, 말리나타의 산스크리트 주석에 따르면 이 부분으로 ≪메가두땀≫의 전편이 끝나고, 다음 부분부터 후편이 시작된다.

# 나중 구름

(후편)

# 1

번갯불
아름다운 여인들,
무지개
채색 그림들,
음악을 위해 치는 장구
감미롭고 진중한 울림,
안에 있는 물
보석 영롱한 땅,
드높은
꼭대기 하늘을 매만지는
신전(神殿)들,
그곳은
가지가지 특별한 것들로
그대와
비유되기 충분하리라![61]

61 구름과 '알아까(Alakā)'의 유사성을 말하는 부분이다. 즉, 구름에는 구름의 여인인 번갯불이 있는 것과 마찬가지로 알아까에는 아름다운 여인들이 있으며, 구름에 무지개가 있다면, 알아까에는 채색 그림들이 있고, 알아까에 음악을 위해 치는 장구가 있는 것처럼 구름에는 감미롭고 진중한 천둥의 울림이 있으며, 구름 안에 물이 있듯이 알아까의 땅에는 영롱한 보석이 있고, 구름이 드높듯이 알아까에는 꼭대기가 하늘을 매만지는 드높은 건물의 신전들이 있다고 말한다.

## 2

손에는 놀이 연꽃
머릿단에 꽂힌 어린 '꾼다'꽃
얼굴엔
'로드라'꽃가루로
미색으로 물들여 아름다움 이루네.
땋은 머리엔
갓 피어난 '꾸라바까'꽃
가르마엔
그대가 다가와 생겨난 '니빠'꽃
그곳
여인에게 있다네![62]

62 인도에서 연꽃은 가을에 피는 꽃이며, '꾼다(Kunda)'는 한겨울에 갓 피어나기 시작해 늦겨울과 이른 봄 사이에 만개하는 꽃이고, '로드라(Lodhra)'는 늦겨울과 이른 봄 사이에 꽃가루가 생기는 꽃이며, '꾸라바까(Kurabaka)'는 한봄에 피어나는 꽃이고, '쉬리샤(Śirīṣa)'는 여름에 피는 꽃이며, '니빠(Nīpa)'는 '까담바(Kadamba)' 라고도 하며 장마철에 피어나는 꽃이다. 인도의 계절은 우리처럼 봄, 여름, 가을, 겨울, 이렇게 사계절이 아니라, 한봄, 여름, 장마철, 가을, 겨울, 늦겨울과 이른 봄 사이, 이렇게 여섯 계절이다. 그리고 천국에는 이 여섯 계절의 아름다움이 동시에 존재한다고 한다. 따라서 이상의 여섯 계절에 피어나는 꽃들이 동시에 알아까에 피어 있다는 사실은 알아까가 천국과도 같은 곳임을 뜻한다.

## 3

그곳엔
나무
취한 벌들의 소리
어울려
늘 꽃 피고,
백조들 줄지어
연못 허리띠 이루며
늘 연꽃피고,
집 공작새
목 올려 소리 돋우며
늘 꼬리깃 활짝 빛나고,
밤은
어둠의 막 걷히어
늘 아름다운
달빛이라네.[63]

63 윌슨 본에는 없는 부분이다.

## 4

환희로 솟아나는
눈물 외에는
그곳엔
다른 이유로 인한 눈물이 없네,
좋아하는 이를
만나야만이 수그러드는,
꽃 화살로 생겨난
고통 말고는
다른 고통은 없네,
사랑다툼 때문
말고는
그곳에선 이별이 생겨나질 않네,
부의 신들의
그곳에선
정말 젊음 외에는
다른 나이가 없네![64]

64 이 부분 역시 윌슨 본에는 없는 부분이다. '꽃 화살'은 사랑의 신인 '까마데바(Kāmadeva)'의 무기다. '부의 신'은 이곳에서는 '꾸베라(Kubera)'가 아니라 '약샤(Yakṣa)'들을 의미한다.

## 5

그곳에선
'약샤'들이
별빛 비추어 꽃으로 아롱진
수정 궁궐
천하절색 미녀의 도움 받아
이르러,
'깔빠'나무에서
흘러나오는
애정을 일으키는 술,
큰 북
그대의 묵중한 음
느긋이 치는 가운데
마시네.[65]

65 '깔빠(Kalpa)'나무는 소망하는 모든 것을 이루어 주는 천국의 나무다.

# 6

'만다끼니'의
시원한 물,
강 언덕에 자라는
'만다라'나무 그늘,
바람결 맞아
더위를 잊은 여인들
금모래 속
주먹 손 숨긴 보석 찾는 놀이하는,
불멸의 신들이
연모하는 여인들
그곳에서
노니네.[66]

66 윌슨 본에는 없는 부분이다. '만다끼니(Mandākinī)'는 갠지스 강의 다른 이름이다. '만다라(Mandāra)'는 천국에 있는 나무다.

## 7

그곳에선
연인의 대담한 사랑의 손길에
앵두입술 여인들
아랫 고름
느슨히 풀어진 옷
벗겨지면,
높은 불꽃들 마주하여
수줍어
어쩔 줄 모르는 여인들
보석등(寶石燈)에
뿌리는
한 움큼 향가루
헛되기만 하네!

# 8

언제나 움직이는
휘모는 바람에 실려와
칠층누각
꼭대기
그림들
물방울로 망치고는
그대와 같은
구름들은
두려움에 물든 듯
얼른 연기 새어나오는 모습
제대로 본따며
격자창으로
흩어져 나가네.

# 9

그곳엔
다정한 연인 팔 느슨히
포옹 풀린 여인들의
깊은 애정이 만든
몸의 피로를,
한밤중
주렴에 달린
월장석(月長石)들
그대의 장막이 걷히어
밝아진
달빛에
영롱하게 흐르는
물방울로
씻어
내네.

# 10

집안 보물들 줄지 않는
이곳엔
드높이 부르는
아름다운 목소리들
'낀나라'들과 어울려
부의 신의 영광을
날마다
노래하는 가운데,
바람둥이들은 신들의 여인 기녀들과
이야기 나누며
'와이브라자'라는 이름의
바깥 정원에
노니네.[67]

67 '와이브라자(Vaibhrāja)'는 '위브라자(Vibhrāja)'라는 이름의 '가넨드라(Gaṇendra)', 즉 쉬바의 신하들 가운데 우두머리, 바로 그에 의해 보호 되는 정원의 이름이다. 위브라자를 '짜이뜨라라타(Caitraratha)'라고도 한다.

## 11

허둥대는 걸음에,
머릿단에서
떨어진 '만다라'꽃들로,
귓가에서
흘러내린
황금연꽃 꽃잎들로,
커진 가슴 근처에서
줄 끊어져 흩어진
진주 목걸이들로,
그곳 밤길은
해가 떠오르면
바람난 여인들 길이란 걸
알려주네.[68]

---

68 윌슨 본에는 후편 일곱 번째 연, 즉 "그곳에선 / 연인의 대담한 사랑의 손길에 / 앵두입술 여인들 / 아랫 고름…"으로 시작되는 시연의 앞부분에 나온다.

# 12

다양한 옷, 두 눈에 미태
띠게 하는 술,
새싹들 어우러진
꽃 봉우리,
마음에 드는 장식,
연꽃 발치에 새길 붉은 꽃물감마저,
그곳에선
'깔빠'나무 한 그루가
모든 여인의 치장
만드네.[69]

69 윌슨 본에는 없는 부분이다.

## 13

그곳엔,
태양신의 말들에 비길
나뭇잎 짙푸른 색 말들,
몸 열어 그대처럼
비를 내리는
바위 우뚝한 코끼리들,
열개의 얼굴 가진 이에 맞서
전쟁에 나서서
'짠드라하싸'칼 자국들로
장신구들의 광채를
물리치는
으뜸 전사들
있네.[70]

70 윌슨 본에는 없는 부분이다. '열개의 얼굴 가진 이'는 '라와나(Rāvaṇa)'를 의미한다. '짠드라하싸(Candrahāsa)'는 라와나의 칼 이름이다.

## 14

부의 신의 벗인
신(神)이
그곳에 몸소
머문다고 여기어
마음 휘젓는 신은
겁이나
꿀벌들이 활줄 이룬
활 자주 안 드네!
그는
매력적인 여인들 교태어린
눈썹 놀이
빗겨나지 않는 눈길로
바람둥이들
과녁삼아
바로 할 일 이루네.[71]

71 '부의 신의 벗'은 쉬바를 의미한다. 사랑의 신인 '까마(Kāma)'를 마음을 휘젓는 이라는 의미에서 '만마타(Manmatha)'라고도 한다. 사랑의 신의 활은 벌들이 활줄이며, 사탕수수가 활대이고, 꽃이 화살이다. 사랑의 신은 이러한 활을 사용하여 명상에 잠긴 쉬바가 빠르와띠와 함께 있는 순간 쉬바를 유혹하려 꽃 화살을 쏜 적이 있다. 꽃 화살을 맞아 찰나지간이나마 자신의 마음이 흔들리는 것을 느낀 쉬바는 자신의 명상을 방해한 사랑의 신을 지혜의 눈을 열어 안광으로 불살라버린 적이 있다.

# 15

그곳에서
부의 신의 궁궐 북쪽에
신들의 왕의 활인
무지개 아름다운
큰 문으로
멀리서도
내 집이 두드러지네!
그 곁에는
내 사랑스런 아내가
아들 삼아 기른,
꽃더미가 손에 닿을 듯 늘어진
어린 '만다라'나무
있네![72]

---

72 무지개를 신들의 왕인 '인드라(Indra)'의 활이라고 한다. '만다라(Mandāra)' 나무는 천상에 있는 나무다.

# 16

그리고 이곳엔
에메랄드 붙여 만든
계단 길 난
연못에
반지르한 청금석 줄기
황금 연꽃 흐드러져
가득하네.
그 연못에 터 잡은 백조들
그대를 보아도
근심 여의어
가까이 한
'마나싸'호수
그리워 않을 거라네![73]

---

**73** '마나싸(Mānasa)' 호수는 '까일아싸(Kailāsa)' 산에 있는 호수다.

# 17

그 연못가에 아름다운
사파이어로 만든
봉우리,
황금파초 울타리 둘러선
놀이동산
볼만하네!
벗이여,
아, 내 집사람 좋아하는 산!
이리
황감한 마음에
옆으로 번져나는
번갯불 그댈
바라보니,
그 산 내게 떠오른다네!

## 18

동산엔 '꾸라바까' 꽃 뒤덮인
'마다비' 꽃그늘 옆에
잎새 흔들리는
붉은 무우수(無憂樹)
와 아름다운
'께싸라'나무,
하나는 나와 함께
그대 벗의 왼발 그리워하고
다른 것은
꽃피는 핑계로
그녀 입에
머금은 술
바라네![74]

74 무우수(無憂樹)인 '아쇼까(Aśoka)' 나무는 여자가 발로 나무를 차면 꽃이 피고, '바꿀아(Bakula)'라고도 부르는 '께싸라(Kesara)' 나무는 여자가 술을 입에 머금어 나무에 뿜어주면 꽃이 핀다고 한다. 따라서 '하나'는 무우수이며, '다른 것'은 께싸라 나무를 의미한다. '그대 벗'은 화자인 약샤의 아내를 뜻한다.

# 19

나무들 사이에 또한
수정판 황금횃대
웃자라지 않은
대나무 빛깔
보석들로
아랫자락 매여 있네,
내 사랑스런 아내
의 아름다운 팔찌 소리
박자 맞추어
춤추는
그대의 벗
목푸른 공작새
날 저물면
그곳에 앉네.

## 20

훌륭한 이여,
양문 옆에
그려진
소라와 연꽃 모양 바라보고
가슴에 간직한
이들 표식들로
정녕 지금
내가 떠나
때깔 쇠잔한 내 집
알아내게나!
태양이 지면
연꽃은
자기 빛깔 진정
보듬지 않나니!

## 21

얼른 내려가게
즉시 어린
코끼리 몸 되어
먼저 말한 놀이동산
아름다운
봉우리 앉아
반짝 반짝 작은 빛
번갯불 뜬 눈길
반딧불 줄기
노니는 듯
집안을
내려 볼 만
하리!

## 22

가녀린 앳된 여인,
뾰족한 이
무르익은 앵두 아랫입술
늘씬한 허리
놀란 사슴 눈
깊은 배꼽
무거운 엉덩이 느린 걸음걸이
젖가슴 묵직해
살며시 수그린
그녀 거기 있으리니,
젊은 여자 가운데
창조자의 첫 작품
같아라![75]

75 여인의 이가 뾰족하면, 남편이 장수한다고 한다. 여인의 배꼽이 깊으면, 달콤한 여인이라고 한다. 따라서 약사의 아내는 여인 가운데 최고의 여인임을 묘사하는 부분이다.

## 23

다소곳 말 없는 그녀를
알아보려무나!
또 다른 나의 생명,
함께 하던
내가 멀리 있어
'짜끄라와끼'새처럼
홀로 있는,
이 무거운 날들
지나는 동안
짙은 그리움에
겨울 맞은
연꽃처럼
달라진
앳된 여인의 모습
이리라![76]

76 '짜끄라와까(Cakravāka)' 라는 새는 물새로 암수 한 쌍이 낮에는 늘 함께 지내다가 밤이 되면 강이나 냇물 또는 호수 이편과 저편으로 헤어져 서로를 애타게 찾으며 우짖는다고 한다. '짜끄라와끼(Cakravākī)'는 짜끄라와까의 암새다.

## 24

너무 울어 부은 눈,
뜨거운 한숨들에
색깔 변한
아랫입술,
긴 머릿단에 가린 채
양손에 파묻은 얼굴,
그대 따라 움직여
빛바랜 처량한 달 기색을
사랑스런 그녀
진정
지녔으리라!

# 25

공양 올리기에
여념 없는,
아니면
이별에 야윈
나와 닮은 모습
마음으로 헤아려 그리는,
아니면 울타리 안에 있는
아름답게 말하는
'싸리까'새에게
"멋쟁아! 널 귀여워하시던 주인님,
그분이 그립니?"
이렇게 물어보는 그녀
이내 그대 눈길에
들어오리라![77]

77 '싸리까(Sārikā)'는 작은 암새이며, 앵무새처럼 사람의 말을 할 줄 안다고 한다. 싸리까를 윌슨에 따르면 '마이나(Mainā)' 라고도 부른다.

# 26

아니면
좋은 이여!
더러운 옷 가슴에
'위나'를 끌어안고
내 이름 압운 새겨 만든
노랫가락
높이 부르려는,
눈물들에
젖은 줄
어떻게든 가다듬고는
스스로 만든 곡조마저
자꾸 자꾸
잊어버리는
그녀,
이내 그대 눈길에
들어오리라![78]

---

78 '위나(Vīṇā)'는 인도의 전통 현악기로 소리가 장중하며 그윽하다. 신에게 음악으로 예배를 드릴 때 사용하던 악기다.

## 27

아니면
이별한 날 정해진
기간의
나머지 달들
문지방에 둔 꽃들로
셈하느라
땅에 내려놓는,
아니면
마음속에 간직한
사랑스런 일 음미하는,
그녀 이내 그대 눈길에
들어오리라!
이러한 것들 대체로
연인과
떨어진 여인들이
마음 기울이는 일들이라네!

## 28

낮에는
분주한 그녀를
이별이 그리 괴롭히진 못하리라!
밤에는
마음 기울일 곳 없는
그대의 벗
더욱 고통 무거우리!
나의 소식
족히 행복하게 하리니,
한밤중
잠이 깨어
땅바닥에 눕는
정숙한 그녀를
저택 창가에 앉아
바라 보게나!

세상 여인의 마음씨
하나같기 때문이니,
다정한 벗들
야윈 그녀를
낮에는
어떻게든
혼자 두지 않으리라!
물을 주는 이여,
허니 그대는 밤에
침대 가까이 창가에 앉아
주위사람 잠이 들어도
잠 못 이루는
사랑스런
내 아내에게
다가가게.[79]

---

79 후대에 삽입된 것으로 보고 말리나타는 이 부분들에 대해서는 주석을 달지 않았다. 윌슨 본에도 이 부분은 없다.

땅바닥 잠자리에
한쪽 옆구리
몸을 던진,
진주 목걸이 끊어진 듯
침대에서 떨어진
눈물방울들로
알아 볼 수 있는,
손톱 다듬지 않은 손으로
거칠고 헝클어진
외머릿단
빰에서
거듭거듭 쓸어내며
가다듬는
사랑스런
내 아내에게
다가가게나.[80]

80 후대에 삽입된 것으로 보고 말리나타는 이 부분들에 대해서는 주석을 달지 않았다. 윌슨 본에도 이 부분은 없다.

## 29

마음 고생에 야윈,
외로운 잠자리에
모로 누운,
동쪽 하늘가에
한 모서리만 남은
초승달 여린 달빛 같은 몸,
나와 함께
마음껏 사랑 나누며
한 순간처럼 지내던
바로 그 밤을
헤어져
뜨거운 눈물들로
한없이 길게
보내는
그녀!

# 30

창문창살로
들어오는
시원한 감로 머금은
달빛들을
지난 기쁨에 마주하다
얼른 얼굴 돌리는
그녀,
속상한 눈물로
무거워진 눈꺼풀에 눈이 가려
구름 낀
한낮에
땅에 피는 연꽃처럼
깨어나지도 잠이 들지도
않는
그녀![81]

81 윌슨 본에는 이 부분이 후편 32번 연, 즉 "처음 이별하던 날 / 꽃 머릿줄 풀고 / 엮은 머리…" 연 다음 연으로 나온다.

# 31

볼에 드리운,
물만으로 감아 거친 머릿단
아랫입술
잎사귀 시들게 하는
한숨으로
불어 넘기는
그녀,
어떻게든
나와 하는
꿈이라도 꾸어보려
넘치는 눈물에
잠이 머물 틈마저 막힌
눈으로
잠을 청하는
그녀!

# 32

처음 이별하던 날
꽃 머릿줄 풀고
엮은 머리,
형벌이 끝나는 날
슬픔 여윈 내가
풀어줄,
매만지기 힘든
거칠고 헝클어진
외머릿단
손톱 다듬지 않은
손으로
넓은 볼에서
자꾸만
쓸어 올리는
그녀!

# 33

장신구 풀어 제친
아름다운 몸
어렵사리 침대 품에 누어
아주 힘겹게
지탱하는
연약한
그녀,
그대 분명
새로운 물 눈물 흘리리니
대체로
마음 여린 이
모두 자비로운 성품이기
때문이네!

## 34

그대 벗의 마음
내게 사랑
모아져 있음 알아,
나는
이별하자마자
그녀의 상태 이러함을 헤아리네!
정녕 스스로를
행운아로 여기는 이 마음
내게 말 많게 않나니,
형제여,
내가 말한 그 모든 것
이내 그대 눈에
드러나리!

# 35

머리타래에
눈가 움직임 가려진
화장기 없는 눈,
술마저 금해 교태 잃은 눈썹
그대가 다가와
눈가위에 떨리면,
사슴의 눈
물고기가 퍼득여
흔들리는
푸른 연꽃의 아름다움
닮아라![82]

82 인도에서는 여인의 왼쪽 눈썹이 떨리면 그 여인에게 좋은 일이 일어날 징조라고 한다. 우기가 온다는 것은 남편의 형벌이 거의 끝나간다는 것을 의미한다. 따라서 약샤의 아내의 왼쪽 눈썹이 떨린다고 시인은 말한다.

## 36

불운 때문에 풀어 버린
오랫동안 익숙한
진주 허리띠,
내 손톱자국들
벗어난,
사랑나누기 끝날 무렵
내손으로
부드럽게 문지르기
알맞은,
내 아내의 물오른
파초 기둥 하얀
왼쪽 다리
그대 다가오면
떨리리라![83]

83 인도에서 여인의 다리는 손톱으로 자극하기 알맞은 부위이며, 여인의 왼쪽 다리가 떨리면 그 여인에게 정사가 있을 징조라고 한다. 우기가 오면 남편이 돌아올 때가 멀지 않았기에 시인은 약샤의 아내에게 이런 징조가 나타난다고 말한다.

# 37

물을 주는 이여, 그때
만일 그녀가
잠드는 행운 얻으면,
뒤에 앉아
세 시간만
천둥 참으며
기다리려마!
내 아내
힘들게
꿈에 얻은 나와의 깊은 포옹을,
얼른 목에서 풀어지는
팔, 꽃 넝쿨 만들지
마려마![84]

84 최고의 남성은 여인과 사랑을 나누는 시간이 세 시간 동안이라고 한다. 문맥상 약샤의 아내는 꿈에서 남편을 만나 사랑을 나누는 중이다. 이러한 의미를 담보하기 위해 시인은 구름에게 세 시간 동안 천둥소리를 멈추며 기다리라고 말한다. 또한 최고의 여인은 세 시간 동안만 잠을 잔다고도 한다.

# 38

그대의 물방울 시원한
바람으로
그녀를 깨우고는
갓 피어난 '마알띠' 꽃 봉우리처럼
생기 찾은,
그대가 있는
창문으로
눈길 모은 고상한 그녀에게
안에 번갯불 간직한
진중한 그대여,
천둥의 말들로
이야기 하려마!

# 39

남편이 있는 이여,
물 실어 나르는
나는
남편의 정다운 벗임을 아오!
그의 가슴에 담긴
소식들 때문에
그대 곁에 왔음을 아오!
나는 부드럽고 묵직한 소리들로
여인의 머릿단 풀기 열망하는
지친 여행자들
무리를
길에서 서두르게 하는
구름이오!

# 40

이렇게 밝히면,
바람의 아들 향해
얼굴 들어 올린
'마이틸이'처럼
그녀는
열망에 들뜬 마음으로 그대를
바라보고 환영하고
다음이야기
귀 기울일 거라네!
훌륭한 이여,
가르마한 여인들에겐
친구에게 얻은
남편이야긴
만남과
다름없다네![85]

85 '바람의 아들'은 원숭이인 '하누만따(Hanūmanta)'이며, '마이틸이(Maithilī)'는 '미틸라(Mithilā)'국 왕인 '자나까(Janaka)'의 딸 '씨따(Sītā)'다. 씨따가 '랑까(Laṁkā)'국의 왕인 '라와나(Rāvaṇa)'에게 납치된 일이 있었다. 그때 씨따의 남편인 라마(Rāma)는 하누만따를 랑까국에 갇혀있는 씨따에게 먼저 보내 자신이 씨따를 곧 구출을 하러 간다는 소식을 전하게 했다. '가르마한 여인'이란 남편이 있는 여인이란 의미다.

# 41

오래 사는 이여,
나와 그대 자신의 뜻
이루기 위해
그녀에게
이렇게 이르려무나.
"연약한 여인이여,
'라마기리'산 정사(亭舍)에 머무는
그대의 동반자
죽지 않아
그대에게 떨어진 채
안부를 물어보오!"
쉽사리 재난 얻는
생명들에겐
이것이
바로 첫 번째 해야 할
말이네.[86]

86 '라마기리(Rāmagiri)' 산은 라마와 씨따가 한 때 행복하게 머물던 산이다.

# 42

"몸으로 몸과,
야윔으로
더 야윔과,
깊은 고통으로
고통과,
고인 눈물로
젖은 눈물과,
근심으로
한없는 근심과,
기나긴 큰 한숨으로
뜨거운 한숨과,
뒤집힌 운명 때문에
길이 막혀
멀리 머물며
이렇게 마음으로
하나
되나니!"

## 43

"해야 할 말 그 무엇이든,
얼굴 부비고 싶어
그대의 동무들 앞이라도
귓가에 속삭이기
갈망하나,
귓길을 벗어나고
두 눈으로도
볼 수 없는
그대 남편
근심에 어려 하는
이말 내 입으로
당신에게
말하네!"

## 44

"나는
'쓰야마' 꽃에서 몸을,
놀란 사슴의 눈에서
눈길을,
달에서
얼굴빛을,
공작 깃들에서
머리카락들을
보네!
자그마한 강물결 속에서
눈썹 놀이를!
하지만, 아, 매정한 이여,
한곳에도
당신 모습이
없구나!"[87]

87 '쓰야마(Śyāmā)' 꽃을 '쁘리양구(Pryaṅgu)' 꽃이라고도 부른다.

## 45

"사랑에 화난 당신을
광석물감들로 돌에 그리고,
당신 발에 엎드린
나를 그리려 할 제
순간 거듭 복바치는 눈물에
눈길 가리네!
잔인한 운명은
그곳에조차
우리가 함께 함을
견디지 못하네!"

어린 신부여,
물줄기에 씻긴 땅 향기
그대 얼굴,
멀리서도
아주 야윈 나를
다섯 화살 가진 이
동요케 하네.
헤아려 보오!
하늘 가득 자욱 퍼진 구름
따가운 햇살 물리치는
더위 끝 무렵
이날들
어찌 보내야 할지![88]

88 말리나타는 이 부분을 다른 작가에 의해 후대에 삽입된 부분으로 보고 주석을 달지 않았다. 다른 삽입된 부분과는 달리 이 부분은 윌슨 본에 나타난다. 사랑의 신인 '까마(Kāma)'는 다섯 개의 꽃 화살을 가지고 있다. 따라서 '다섯 화살 가진 이'는 사랑의 신을 의미한다.

# 46

"내 어떻게든
만나려는
당신이
꿈에 보여,
꼭 끌어안으려 허공에
팔 내미는 날
보며 이곳 신들
진주알 굵은
눈물방울
나뭇잎새에
하염없이
흘리네!"[89]

89 위대한 영혼의 소유자, 스승, 그리고 신들이 흘리는 눈물이 땅에 떨어지면, 나라가 망하거나, 큰 재난이 닥치거나, 죽음이 온다고 한다. 따라서 약사가 죽지 않고 살아 부인에게 돌아갈 것이라는 것을 약사의 아내에게 알리기 위해 신들이 흘리는 눈물방울들이 땅에 떨어지지 않고 나뭇잎에 떨어진다고 시인은 말한다.

# 47

"솔잎 새싹들
얼른 틔우고
송진 향 머금어
남으로 부는 바람,
아름다운 이여,
바람들에
그대 몸 먼저
닿았거니, 하여
그 설산(雪山) 바람들
내게 안겨지나니!"

## 48

"기나긴 밤 시간
어떻게든
찰나처럼
줄을까.
모든 계절에
낮 또한
어떻게든
햇볕
여릿여릿 해질까.
눈웃음치는 이여,
내 마음
이리
이루기 힘든 바램
이별한 뜨거운 아픔에
기댈 곳 없네!"

# 49

"내 자신을
바로 내 스스로
진정 많이 위로하며
지탱하노니,
행운의 여인이여,
그대 또한 한없이 두려워 마오!
그 누가 행복을 끝없이 얻고
그 누가 고통만을
얻으리오!
상황이란
수레굴레 움직이듯
아래로 다시 위로
간다오!"

# 50

"손에 뿔 화살 든 이
뱀 침대에서 일어나면
나의 형벌 끝나리니
눈 딱 감고
나머지 넉 달을
가게하오.
나중에
우리 둘,
이별에 배가된
마음 속 그 바람들
가을 달빛으로 변한 밤들에
맛보리네!"[90]

90 '뿔 화살 손에 든 이'는 위스누를 의미한다. 위스누는 넉 달 동안 '쉐사(Śeṣa)'라고 하는 뱀을 침대 삼아 각성된 상태로 잠이 들었다가 일어난다.

# 51

그리고 다시 말했다네
"전에 잠자리에
내게 목을 베고 누운
당신
잠이 들었다
왠지 소리 내어 울며
깨어났지!
그래 자꾸만 물어보니
속으로 가만 웃으며
나쁜 사람,
내 꿈에
당신이 어떤 여자랑
즐기는 걸
내가 보았어요!
이렇게
당신
말했지!"[91]

91 '그리고 다시 말했다네'는 구름이 약샤의 아내에게 말하는 부분이다.

## 52

"이런 정표(情表)들 건네니
내가 잘 있음을 알아
검은 눈의 여인아,
사람들 헛소문에
나에 대해 의심 마오!
그들 왠지
애정을
이별에 사라지는 것이라
말한다오,
그러나
함께 나누지 못하기에
좋아하는 이에 대한
그리움 늘어나
애정은 오히려
깊은 사랑으로 화(化)한다오!"

## 53

첫 이별에 괴로움 치솟는
그대의 벗을
이리 안심 시키고는
눈이 셋인 이의 황소가
무니는 봉우리
산에서
얼른 물러나
그녀의 편안한
정표 실은
말들로
나의 삶 또한
아침에
흐드러진 말리화(茉莉花)이게
하려무나![92]

92 이 부분은 윌슨 본에 따르면 후편 54연 다음 연, 즉 "착한 이여, / 벗의 일…" 로 시작되는 연의 다음 연에 해당된다. 이곳은 약샤가 구름에게 자기 아내의 소식을 받아와 자신에게 전해달라고 말하는 부분이다. '그대의 벗'은 약샤의 아내다. '눈이 셋인 이'는 쉬바를 뜻한다. 쉬바에게는 '난디(Nandi)' 라는 이름의 황소가 있다. 따라서 '눈이 셋인 이의 황소가 봉우리를 무니는 산'은 약샤의 아내가 있는 알아까가 위치한 까일아싸 산을 뜻한다.

# 54

착한 이여,
벗의 일
그대 분명 맡을런가?
정녕 대답이
그대의 신중함이라
생각 않나니,
'짜따까'새들 애원하면
아무 소리 없이
그대는 물 주나니,
부탁하면
바라는 대로 해줌이
바로 좋은 이들의 대답이기
때문이라![93]

93 '짜따까(Cātaka)'는 오로지 빗물만 마시며 사는 새로서 구름이 나타나기만을 기다리는 새다.

## 55

부당한 부탁하는
나의 이 소망
우정으로
아님
내 이별
동정하는 마음씨로
들어주고
물을 주는 이여,
비와 더불어
영광 더욱 간직하며
내키는 곳
가려무나!
그리고
한 순간도
그댄 번갯불과 이런
이별 없으려무나![94]

94 약샤가 구름에게 축복을 하는 것으로 보아서 실질적으로 작품은 여기서 완성이 된다.

이렇게
말을 마치자
신들의 왕의 친구는
산과 강과 도시들을
머물고 머물며
몇 일만에
부의 신의 도시에
이르렀네.
미리 이야기한
징표에 따라
황금 빛 집을
알아보곤
그 안, 바닥에 누운
가련한 그녀를
보았네.

일러준 대로
그 산에서
얼른 '알아까'에 와
특징들을 보고는
광채가 스러진
'약샤'의 집임을 알아내어
'구흐야까'가
애써 전하는
감미로운 사랑,
뜻대로 모습 지니는
물을 주는 이는
남김없이
그 아내에게
말했네.

물을 지닌 이 가운데 뛰어난 이,
생명들 이로운 일
즐기는 이는
'약샤'의 아내인
그녀의 목숨 지키고자
신성한 말로
그 소식 전했네,
자기 주인의 소식 받아 그녀 또한
기쁜 마음 이었네,
훌륭한 이에게 한 부탁
그 누구에겐들 어찌 이루어지지 않으리!

물을 주는 이가 말하는 그 이야기
자애로운 마음 지닌
부의 신 또한 들어
노여움 풀려 얼른
형벌 끝나는 걸
명했네!
슬픔 사라져
행복한 마음에
둘은 함께 만나
부부가 원하던 합궁
끝없는 행복
영원히 맛보네!

아주 잘 지어진 글 '메가두땀'이란 이름은
사랑놀이 헤어진 사람
이별에 있어
마음
달래는 것이네.
이곳에
구름에 아주 훌륭한 지성 부여해
존귀한 여인의
연꽃 발치에
머리 숙여
시인들 가운데
'깔리다싸'는 바치네![95]

95 '말리나타'는 "이렇게 / 말을 마치자 / 신들의 왕의 친구는" 이하의 이 부분들을 후대에 다른 작가에 의해 첨가된 부분들로 보고 주석을 달지 않았다. '난다르기까르(Nandargikar)'는 이 부분들은 '자야만디라쯔차뜨라(Jayamaṁdīracchātra)' 라는 작가가 만들었다고 한다. 윌슨 본에는 첨가된 부분들 가운데 "물을 주는 이가 말하는 / 그 이야기 / 자애로운 마음 지닌 / 부의 신 또한 들어 / 노여움 풀려 얼른 / 형벌 끝나는 걸 / 명했네! / 슬픔 사라져 / 행복한 마음에 / 둘은 함께 만나 / 부부가 / 원하던 합궁 / 끝없는 행복 / 영원히 맛보네!" 라는 부분만 있다. '신들의 왕의 친구'는 구름을 뜻한다. '구흐야까(Guhyaka)'는 약샤의 다른 이름이다. '존귀한 여인'은 쉬바의 아내인 빠르와띠의 여러 모습 가운데 하나인 '깔리(Kāli)' 여신을 의미한다.

# 부 록

## THE CRITICAL APPARATUS

### Adaptations and Translations

J = Jinasena's Pārśvābhyudaya (as in Pathak's edition).
T = Tibetan Translation.
Sh = Sinhalese Paraphrase.
N = Ṇemi-dūta of Vikrama.
[Śila-d. = Śila-dūta of Cāritrasundara-gaṇi—some variants only are noted.]

### Commentaries (C)

Cv = Vallabhadeva's Pañjikā.
Cs = Sarasvatītīrtha's Vidvajjanānurañjanī.
Cc = Cāritravardhana's Ṭīkā.
Cst = Sthiradeva's Bālaprabodhinī.
Cd = Dakṣiṇāvartanātha's Pradīpa.
Cm = Mallinātha's Saṁjīvanī.
Cp = Pūrṇa-sarasvatī's Vidyullatā.
Cg = Sanātana-gosvāmin's Tātparya-dīpikā.
Cb = Bharata-mallika's Subodhā.

[Occasionally readings are noted from the following commentaries, of which those of Śāśvata and Parameśvara only are in print:
Param = Parameśvara's Sumanoramaṇī.
Sār. = Sāroddhāriṇī.
Sumati = Sumativijaya's Sugamānvayā.
Mahima = Mahimasiṁha-gaṇi's Sukhabodhikā.
Śāśvata = Śāśvata's Kavipriyā.
Kalyāṇamalla = Kalyāṇamalla's Mālatī]

### Editions (E)

Ew = Ed. Wilson. Calcutta 1813. (2nd Ed. 1843 used.)
Eg = Ed. Gildemeister. Bonn. 1841.

Es = Ed. Stenzler. Breslau 1874.

[The following editions with Mallinātha's commentary are also occasionally utilised:

Ei = Ed. Ishwar Chandra Vidyasagar, Calcutta 1869.

Ep = Ed. K. P. Parab. Nirnaya Sagar Press, Bombay, 2nd ed. 1883.

En = Ed. G. R. Nandargikar. Bombay 1894.

Et = Ed. in Telugu characters. Madras 1859].

Foulkes = T. Foulkes's Readings from Madras Manuscripts. Madras 1904. (Occasionally noticed).

[For references to Manuscripts and other Commentaries see Introduction.]

Chowdhury = Tarapada Chowdhury's Linguistic Aberrations in Kālidāsa's Writings. Patna 1951. (Noticed when necessary).

A Concordance of Kālidāsa's Poems by T. K. Ramchandra Aiyar, ed. by Dr. V. Raghavan. University of Madras. 1952. Variants from edns. and mss. are recorded here in the footnotes.

# मेघदूतम्

## कालिदासविरचितम्

कश्चित्कान्ताविरहगुरुणा स्वाधिकारप्रमत्तः
शापेनास्तंगमितमहिमा वर्षभोग्येण भर्तुः ।
यक्षश्चक्रे जनकतनयास्नानपुण्योदकेषु
स्निग्धच्छायातरुषु वसतिं रामगिर्याश्रमेषु ।। १ ।।

तस्मिन्नद्रौ कतिचिदबलाविप्रयुक्तः स कामी
नीत्वा मासान्कनकवलयभ्रंशरिक्तप्रकोष्ठः ।
आषाढस्य प्रथमदिवसे मेघमाश्लिष्टसानुं
वप्रक्रीडापरिणतगजप्रेक्षणीयं ददर्श ।। २ ।।

तस्य स्थित्वा कथमपि पुरः केतकाधानहेतो-
रन्तर्बाष्पश्चिरमनुचरो राजराजस्य दध्यौ ।
मेघालोके भवति सुखिनोऽप्यन्यथावृत्ति चेतः
कण्ठाश्लेषप्रणयिनि जने किं पुनर्दूरसंस्थे ।। ३ ।।

1. —*a*) J, Cd. m, Es स्वाधिकारात्प्रमत्तः; Cd. स्वाधिकारप्रमत्त इति पाठे समासः कृच्छ्रलभ्यः. The text-reading is in T, Sh, Cv. c. st. p. g. b, Ew. g, as well as in Param, Sār. Mahima and Sumati.
2. —*c*) T, Cv प्रशमदिवसे; Cc. m notice this reading, Cm deliberately refuting it; Śāśvata accepts it, but refers also to the text-reading. Cv remarks: केचित्तु शकारथकारयोर्लिपिसारूप्यमोहात्प्रथम इत्यूचुः . . . वर्षाकालस्य प्रस्तुतत्वादादिदिनमित्येतत्वतीव विरुद्धम्; but Kṣemendra, another Kashmirian, reads प्रथम (in Suvṛtta-tilaka, ed. Kāvyamālā ii, p. 52).
3. —*a*) J, Cc. d. m कौतुकाधानहेतोः; Cd केतकाधानहेतोरिति पाठे . . . इदमत्यन्तश्लाघ्यविशेषणं न स्यादिति बोद्धव्यं. Most Jaina and Bengali Commentators read केतका०, as well as T, Sh, Cv. st. p. g. b and Param. —*d*) Cg notices the variant कण्ठाश्लेषि–; Cd तस्याश्लेष-प्रणयिनि जन इति वा पाठः, तस्य यक्षस्य.

प्रत्यासन्ने नभसि दयिताजीवितालम्बनार्थी
जीमूतेन स्वकुशलमयीं हारयिष्यन्प्रवृत्तिम् ।
स प्रत्यग्रैः कुटजकुसुमैः कल्पितार्घाय तस्मै
प्रीतः प्रीतिप्रमुखवचनं स्वागतं व्याजहार ॥ ४ ॥

धुमज्योतिःसलिलमरुतां संनिपातः क्व मेघः
संदेशार्थाः क्व पटुकरणैः प्राणिभिः प्रापणीयाः ।
इत्यौत्सुक्यादपरिगणयन्गुह्यकस्तं ययाचे
कामार्ता हि प्रकृतिकृपणाश्चेतनाचेतनेषु ॥ ५ ॥

जातं वंशे भुवनविदिते पुष्करावर्तकानां
जानामि त्वां प्रकृतिपुरुषं कामरूपं मघोनः ।
तेनार्थित्वं त्वयि विधिवशाद्दूरबन्धुर्गतोऽहं
याच्ञा मोघा वरमधिगुणे नाधमे लब्धकामा ॥ ६ ॥

संतप्तानां त्वमसि शरणं तत्पयोद प्रियायाः
संदेशं मे हर धनपतिक्रोधविश्लेषितस्य ।
गन्तव्या ते वसतिरलका नाम यक्षेश्वराणां
बाह्योद्यानस्थितहरशिरश्चन्द्रिकाधौतहर्म्या ॥ ७ ॥

4. —*a*) Cd प्रत्यासन्ने मनसि (Cd refers also to text-reading); Cm refers to this reading as that of Nātha (=Dakṣiṇāvartanātha). Some Bengali MSS जीवना–. T, Sh, Ew. s-लम्बनार्थं. (Cst notices this variant); Cd. g. b. -लम्बनार्थी.—*c*) Eg संप्रत्यग्रैः. Cd कुटच=(also Param).

5. —*b*) Cd संदेशार्थः and प्रापणोयः (Cd संदेशाश्च इति केचित्पठन्ति). —*d*) Sh, Cv. st. d. p प्रणयकृपणाः (also Param).

6. —*a*) J, Cd. p पुष्कल– (also Param); Foulkes पुष्कळ–. —*d*) J. याच्ञा बन्ध्या (also Foulkes).

7. —*b*) Some MSS धनपतेः.

त्वामारूढं पवनपदवीमुद्गृहीतालकान्ताः
प्रेक्षिष्यन्ते पथिकवनिताः प्रत्ययादाश्वसन्त्यः ।
कः संनद्धे विरहविधुरां त्वय्युपेक्षेत जायां
न स्यादन्योऽप्यहमिव जनो यः पराधीनवृत्तिः ॥ ८ ॥

मन्दं मन्दं नुदति पवनश्चानुकूलो यथा त्वां
वामश्चायं नदति मधुरं चातकस्ते सगन्धः ।
गर्भाधानक्षणपरिचयान्नूनमाबद्धमालाः
सेविष्यन्ते नयनसुभगं खे भवन्तं बलाकाः ॥ ९ ॥

तां चावश्यं दिवसगणनातत्परामेकपत्नी-
मव्यापन्नामविहतगतिर्द्रक्ष्यसि भ्रातृजायाम् ।
आशाबन्धः कुसुमसदृशं प्रायशो ह्यङ्गनानां
सद्यःपाति प्रणयि हृदयं विप्रयोगे रुणद्धि ॥ १० ॥

8. —*b*) Sh, Cst. d. m. p. g. b, Es आश्वसत्यः; Param and Foulkes (4 MSS) as in text. Mādhava in his Dhātu-pāṭha and Haradatta on Kāśikā ii. 4. 72 justify the form आश्वसन्त्यः with the remark अनित्यं गणकार्यमिति. —*d*) J, Sh, Cd. p (also Param) अयं (for अहं). Foulkes पराधीनवृत्तः.

After 8, the sequence of stanzas in J is: 10, 9, 11, 12; in Cv. st. 12, 9, 10, 11. The other sources give the sequence as in text. Ei regards as more logical the order 9, 11, 10, 12.

9. —*b*) Cv, Eg चातकस्तोयगृध्नुः (also Kalyāṇamalla), Cst Notices this variant; T, Cc. st. g. b, Ew चातकस्ते सगर्वः (Cg सदर्पः), this reading also in Sār. Sumati and Mahima; some MSS चातकस्ते सबन्धुः; Cb सगर्धं इति क्वचित्पाठः, तत्र गृधु अभिकाङ्क्षायां घञ्, गर्धस्तृष्णा, तत्सहितः. —*c*) T, Sh, Cd. p –क्षमपरिचयात् (also Param); Cv –स्थिरपरिचया; Cg. b, Ew. g –क्षमपरिचयं. —*d*) Cd. p नयनसुभगाः; Sumati and some MSS. नयनसुखदं.

10. —*b*) Some MSS. अवहितगतिः. —*c*) Sh कुसुमसदृशं प्राणनं ह्यङ्गनानां; Cd. p and Param कुसुमसदृशप्राणमप्यङ्गनानां (Cd प्रायशो ह्यङ्गनानामिति केचित्पठन्ति). —*d*) T, Cv. d (also Param) सद्यःपातप्रणयि (Śāśvata as well as Cst notices this variant).

कर्तुं यच्च प्रभवति महीमुच्छिलीन्ध्रामवन्ध्यां
तच्छ्रुत्वा ते श्रवणसुभगं गर्जितं मानसोत्काः ।
आ कैलासाद्बिसकिसलयच्छेदपाथेयवन्तः
संपत्स्यन्ते नभसि भवतो राजहंसाः सहायाः ।। ११ ।।

आपृच्छस्व प्रियसखममुं तुङ्गमालिङ्ग्य शैलं
वन्द्यैः पुंसां रघुपतिपदैरङ्कितं मेखलासु ।
काले काले भवति भवता यस्य संयोगमेत्य
स्नेहव्यक्तिश्चिरविरहजं मुञ्चतो बाष्पमुष्णम् ।। १२ ।।

मार्गं तावच्छृणु कथयतस्त्वत्प्रयाणानुरूपं
संदेशं मे तदनु जलद श्रोष्यसि श्रोत्रपेयम् ।
खिन्नः खिन्नः शिखरिषु पदं न्यस्य गन्तासि यत्र
क्षीणः क्षीणः परिलघु पयः स्रोतसां चोपयुज्य ।। १३ ।।

अद्रेः शृङ्गं हरति पवनः किंस्विदित्युन्मुखीभि-
र्दृष्टोत्साहश्चकितचकितं मुग्धसिद्धाङ्गनाभिः ।
स्थानादस्मात्सरसनिचुलादुत्पतोदङ्मुखः खं
दिङ्नागानां पथि परिहरन्स्थूलहस्तावलेपान् ।। १४ ।।

11. —*a*) T, Sh, Cst. g. b, Ew. g. s उच्छिलीन्ध्रातपत्रां (also Sār. Mahima, Sumati and Kalyāṇamalla); Cv उच्छिलिन्ध्रामवन्ध्यं; Cd उत्सिलिन्ध्रामवन्ध्यां—*b*) Foulkes. श्रवणसुखदं.—*c*) See Chowdhury,20.

12. —*c*) J, Cm. p. g. b, Ew. g भवति भवतो (Cc notices this reading); the text-reading in T, Sh, Cv. c. st. d, Es.

13. —*a*) J, Cd. g. b मार्गं मत्तः शृणु. Cv. –प्रयाणानुकूलं —*b*) Foulkes मत्संदेश. Some MSS transp. तदनु and जलद. J, Sh, Cd. p and Param श्रोष्यसि श्रव्यबन्धं (Cd. p and Param श्राव्य– ). —*d*). T, N, Cc. d. m. p चोपभुज्य (also Sār. and Mahima; Śīla-d. as in text); the reading of Cst and Param not clear.

14. —*a*) Cd अद्रेः किं स्विद्वहति पवनः शृङ्गं. Ew शृङ्गं वहति—*b*) Sh, Cc. g. b, Ew. g. s. दृष्टोच्छ्राय: (also Kalyāṇamalla).—*d*) T, Sh परिहर.C v हस्तावलेहान्. Cd अनेन दिङ्नागाचार्यश्च विवक्षितः; Cm दिङ्नागाचार्यस्य कालिदासप्रतिपक्षस्य (there is no reference to this story in any other commentary, early or late).

रत्नच्छायाव्यतिकर इव प्रेक्ष्यमेतत्पुरस्ता-
द्वल्मीकाग्रात्प्रभवति धनुःखण्डमाखण्डलस्य ।
येन श्यामं वपुरतितरां कान्तिमापत्स्यते ते
बर्हेणेव स्फुरितरुचिना गोपवेषस्य विष्णोः ॥ १५ ॥

त्वय्यायत्तं कृषिफलमिति भ्रूविकारानभिज्ञैः
प्रीतिस्निग्धैर्जनपदवधूलोचनैः पीयमानः ।
सद्यःसीरोत्कषणसुरभिक्षेत्रमारुह्य मालं
किंचित्पश्चाद्व्रज लघुगतिर्भूय एवोत्तरेण ॥ १६ ॥

त्वामासारप्रशमितवनोपप्लवं साधु मूर्ध्ना
वक्ष्यत्यध्वश्रमपरिगतं सानुमानाम्रकूटः ।
न क्षुद्रोऽपि प्रथमसुकृतापेक्षया संश्रयाय
प्राप्ते मित्रे भवति विमुखः किं पुनर्यस्तथोच्चैः ॥ १७ ॥

15. —*a*) J रत्नच्छाय–. Cd प्रेक्षणीयं पुरस्तात्. —*b*) Cv धनुष्खण्डं (on this form see Pathak, p. 78). —*c*) T, Cg. b, Ew. g आलप्स्यते (also Kalyāṇamalla).

16. —*a*) T, Cv. d. m. p, Es भ्रूविलासानभिज्ञैः (also Param).—*c*) Sh, Cv. d. m. p. g. b –सुरभि क्षेत्रं. Some MSS सालं. Cv मालमुड्डारं क्षेत्रं (='an alluvial plateau' –Stein); Cs. d. p मालमुन्नतभूतलमित्युत्पलमालायां; Cm मालं मालाख्यं क्षेत्रं, शैलप्रायमुन्नतस्थलं; Sār. केचिन्मालं मालाभिधानं क्षेत्रमिति ब्रुवते तन्न युक्तं. —*d*) Cv प्रवलय गतिं; Cst प्रगुणय (or प्रचलय) गतिं (for व्रज लघुगतिः). Cg. b, Ew किंचिदेवोत्तरेण. The incomplete MS of Cs (BORI no. 442 of 1887-91) begins with this stanza, on folio 5a, the first fifteen stanzas being lost on missing folios.

17. —*a*) Cd –दवोपप्लवं. —*d*) Cd. p तथोच्चः (also Param).
T (after 17), Cg. Ew (after 18), Cb (after 16) insert, and N, Śīla-d. (after 17) utilise:
(*Continued from page* 45)

*1 अध्वक्लान्तं प्रतिमुखगतं सानुमांश्चित्रकूट-
स्तुङ्गेन त्वां जलद शिरसा वक्ष्यति श्लाघमानः ।
आसारेण त्वमपि शमयेस्तस्य नैदाघमग्निं
सत्काराद्रः फलति नचिरेणोपकारो महत्सु ॥

Cv includes it (after 17) but believes it to be spurious and

छन्नोपान्तः परिणतफलद्योतिभिः काननाम्रै-
स्त्वय्यारूढे शिखरमचलः स्निग्धवेणीसवर्णे ।
नूनं यास्यत्यमरमिथुनप्रेक्षणीयामवस्थां
मध्ये श्यामः स्तन इव भुवः शेषविस्तारपाण्डुः ॥ १८ ॥

स्थित्वा तस्मिन्वनचरवधूभुक्तकुञ्जे मुहूर्तं
तोयोत्सर्गद्रुततरगतिस्तत्परं वर्त्म तीर्णः ।
रेवां द्रक्ष्यस्युपलविषमे विन्ध्यपादे विशीर्णां
भक्तिच्छेदैरिव विरचितां भूतिमङ्गे गजस्य ॥ १९ ॥

तस्यास्तिक्तैर्वनगजमदैर्वासितं वान्तवृष्टि-
र्जम्बूकुञ्जप्रतिहतरयं तोयमादाय गच्छेः ।
अन्तःसारं घन तुलयितुं नानिलः शक्ष्यति त्वां
रिक्तः सर्वो भवति हि लघुः पूर्णता गौरवाय ॥ २० ॥

नीपं दृष्ट्वा हरितकपिशं केसरैरर्धरूढै-
राविर्भूतप्रथममुकुलाः कन्दलीश्चानुकच्छम् ।
दग्धारण्येष्वधिकसुरभिं गन्धमाघ्राय चोर्व्याः
सारङ्गास्ते जललवमुचः सूचयिष्यन्ति मार्गम् ॥ २१ ॥

remarks: एतदनुकारी क्वचिदयमपि श्लोको विद्यते, where एतद् refers to 17. Śāśvata includes it, but remarks: कस्मिंश्चित्पुस्तके अध्वक्लान्तमित्यादिप्रक्षेपश्लोकोऽस्ति. [variants: *a*) Cv आम्रकूटः.—*d*) N, Śīla. d., Cg. b, WEd सद्भावार्द्रः).

18. —*d*) Sh, Cd. p सर्पवेणीसवर्णे (also Param); Cs सर्वेवेणी. —*d*) N मेघश्यामः स्तन इव.

19. —*a*) J तस्मिन्स्थित्वा by transp. —*b*) Cs. c. st. b, Ew. g. s. तोयोत्सर्गात् (also Param). Some MSS. लघुतरगतिः —*c*) Cst विकीर्णा-

20. —*a*) Sumati and some MSS तस्यास्तीक्ष्णैः.—*b*) Cv, Eg जम्बूषण्ड–.

21. —*c*) Cs. d. m जग्ध्वारण्येष्व–; Cm दग्धारण्येष्विति पाठे दग्धमित्यधिक–विशेषणं (This view is criticised in Ei).—*d*) The word सारङ्ग occurs in two places in Śākuntala in the sense of the deer. Some MSS नवजलमुचः. After 21, T, Sh, Cs, c. g. b, Ew insert, and N, Śīla-d. utilise:

उत्पश्यामि द्रुतमपि सखे मत्प्रियार्थं यियासोः
कालक्षेपं ककुभसुरभौ पर्वते पर्वते ते ।
शुक्लापाङ्गैः सजलनयनैः स्वागतीकृत्य केकाः
प्रत्युद्यातः कथमपि भवान्गन्तुमाशु व्यवस्येत् ॥ २२ ॥

पाण्डुच्छायोपवनवृतयः केतकैः सूचिभिन्नै-
र्नीडारम्भैर्गृहबलिभुजामाकुलग्रामचैत्याः ।
त्वय्यासन्ने परिणतफलश्यामजम्बूवनान्ताः
संपत्स्यन्ते कतिपयदिनस्थायिहंसा दशार्णाः ॥२३ ॥

तेषां दिक्षु प्रथितविदिशालक्षणां राजधानीं
गत्वा सद्यः फलमपि महत्कामुकत्वस्य लब्धा ।
तीरोपान्तस्तनितसुभगं पास्यसि स्वादु यत्त-
त्सभ्रूभङ्गं मुखमिव पयो वेत्रवत्याश्चलोर्मि ॥ २४ ॥

*2 अम्भोबिन्दुग्रहणचतुरांश्चातकान्वीक्षमाणाः
श्रेणीभूताः परिगणनया निर्दिशन्तो बलाकाः ।
त्वामासाद्य स्तनितसमये मानयिष्यन्ति सिद्धाः
सोत्कम्पानि प्रियसहचरीसंभ्रमालिङ्गितानि ॥

Cm includes it but regards it as interpolated, remarking: प्रक्षिप्तमपि व्याख्यायते. [variants: *a*) T, Cc. g. b, Ew. g. –ग्रहणरभसान्. —*d*) N, Śila-d. Cs. c सोत्कण्ठानि].

22. —*c*) Bhoja's Sarasvatī-k. मुक्तापाङ्गैः T, Cv सनयनजलैः.—*d*) Some MSS प्रत्युद्घातः Cp कथमिवेति पाठः... कथमपीति केचित्. Foulkes भवानाशु गन्तुम्

23. —*b*) Cg. b, Ew. g नीडारम्भे. —*c*) Cv. g. b, Ew. g फलपरिणतिश्याम. —*d*) Cb केचित्तु अकतिपयदिनस्थायिहंसा इति अकारप्रश्लेषं कुर्वन्ति. Cm कतिपयशब्दस्योत्तरपदत्वेऽपि न तच्छब्दस्योत्तरत्वमस्त्यस्य शास्त्रस्य प्रायिकत्वात् (See Chowdhury §19).

24. —*b*) Cv, s. c. d. m, Eg. s फलमविकलं (Cf. 34 d); T, Sh Cg. b, Ew फलमतिमहत् (also Param); Foulkes त्वविकलफलं The text-reading as such is given by J. Cg reads लब्ध्वा and notices the text-reading लब्धा.—*c*) J स्वादु यत्र; T, Cg. b, Ew. g. s स्वादु (Cg. b स्वाद) युक्तं; Cs. m स्वादु यस्मात्; Foulkes स्वादु यत्त्वं (also as in text). —*d*) J, Sh, Cp चलोर्म्याः..

नीचैराख्यं गिरिमधिवसेस्तत्र विश्रामहेतो-
स्त्वत्संपर्कात्पुलकितमिव प्रौढपुष्पैः कदम्बैः ।
यः पण्यस्त्रीरतिपरिमलोद्गारिभिर्नागराणा-
मुद्दामानि प्रथयति शिलावेश्मभिर्यौवनानि ।। २५ ।।

विश्रान्तः सन्व्रज वननदीतीरजातानि सिञ्च-
न्नुद्यानानां नवजलकणैर्यूथिकाजालकानि ।
गण्डस्वेदापनयनरुजाक्लान्तकर्णोत्पलानां
छायादानात्क्षणपरिचितः पुष्पलावीमुखानाम् ।। २६ ।।

वक्रः पन्था यदपि भवतः प्रस्थितस्योत्तराशां
सौधोत्सङ्गप्रणयविमुखो मा स्म भूरुज्जयिन्याः ।
विद्युद्दामस्फुरितचकितैस्तत्र पौराङ्गनानां
लोलापाङ्गैर्यदि न रमसे लोचनैर्वञ्चितोऽसि ।। २७ ।।

25. —*a*) J विश्रान्तिहेतोः. Cv विश्रामशब्दः कवीनां प्रमादजः; but Cm defends the form (see Pathak's remarks on this, p. 83; Chowdhury § 7*v*.—*b*) Cp इवाप्रौढपुष्पैः; Cv केचित्त्वप्रौढेति पेठुः

26. —*a*) Cg, Ew. g. s नगनदी–; Cst. b नवनदी– (also Śāśvata, Kalyāṇamalla, Śār. and Mahima), said to be the name of a river. Cm: नदनदीति पाठे पुमान् स्त्रियेत्येकवद्भावो दुर्वारः. J, Cd. p–तीरजानां निषिञ्चन्, —*c*) Cb, Ew. g. –रुजा क्लान्त–(also Mahima). Cb: रुजेति रुक्शब्दात्तृतीया; रुजाक्लान्तेति समस्तमपि वदन्ति, आबन्तरुजाशब्दस्यापि वर्तमानत्वात्. —*d*) N छायादानक्षण–.

27. —*a*) Cd. p पन्थास्तव भवतु च; Foulkes पन्थास्तव यदपि च or पन्था यदि च भवतः. Some Mss उत्तरस्यां.—*b*) Cs. d. g, Ew (also Param) मा च भूः (Cs चकारो वाक्यान्तरसमुच्चये).—*c*) T, Sh, Cg, b, Ew. g. s –स्फुरणचकितः J, Et यत्र (for तत्र). Foulkes तत्र बिम्बाधराणां. —*d*) J, Cd लोचनैर्वञ्चितः स्याः (also Param and Et); Foulkes वञ्चितो लोचनैः स्याः.

वीचिक्षोभस्तनितविहगश्रेणिकाञ्चीगुणायाः
संसर्पन्त्याः स्खलितसुभगं दर्शितावर्तनाभेः ।
निर्विन्ध्यायाः पथि भव रसाभ्यन्तरः संनिपत्य
स्त्रीणामाद्यं प्रणयवचनं विभ्रमो हि प्रियेषु ।। २८ ।।

वेणीभूतप्रतनुसलिला तामतीतस्य सिन्धुः
पाण्डुच्छाया तटरुहतरुभ्रंशिभिर्जीर्णपर्णैः ।।
सौभाग्यं ते सुभग विरहावस्थया व्यञ्जयन्ती
कार्श्यं येन त्यजति विधिना स त्वयैवोपपाद्यः ।। २९ ।।

प्राप्यावन्तीनुदयनकथाकोविदग्रामवृद्धान्
पूर्वोद्दिष्टामनुसर पुरीं श्रीविशालां विशालाम् ।
स्वल्पीभूते सुचरितफले स्वर्गिणां गां गतानां
शेषैः पुण्यैर्हृतमिव दिवः कान्तिमत्खण्डमेकम् ।। ३० ।।

28. —*a*) Cp स्वनितविहग–; some MSS –क्वणित० Cf. Vikram. iv. 28.= *c*) Cc. g. b, Ew. g. रसाभ्यन्तरं (also Sār. and Mahima). —*d*) Śīla-d., Sār; Ew श्राद्यं प्रणयि; some Comm. and Mss श्राद्यप्रणय–.

29. —*a*) Cv –सलिलां. Sh, Cm –सलिलासावतीतस्य; Some Mss –सलिला सा व्यतीतस्य; Cs. d, Et –सलिला सा त्वतीतस्य. Cm तामतीतस्येति पाठमाश्रित्य सिन्धुर्नाम नद्यन्तरमिति व्याख्यानं तु सिन्धुर्नाम कश्चिन्नदः काश्मीरदेशेऽस्ति, नदी तु कुत्रापि नास्तीत्युपेक्ष्यमित्याचक्षते; this apparently refers to the criticism of Cd. s in similar terms. But there is a river named Sindhu in Central India, see Nandargikar p. 32, Vidyasagar p. 116 and Pathak p. 84; identified with Kālā Sindh which flows into the Chambal. Cv. सिन्धु. —*b*) Cv पाण्डुच्छायां. Cg. b, Ew. g शीर्णणर्णैः (also Param); some Mss जीर्णपत्रैः. —*c*) Eg and some Mss तेऽसुभगविरहावस्थया (Ei remarks on this: तत्पक्षे श्रसुभगेति विरहावस्थाविशेषणम्). –Cv. व्यञ्जयन्तीं.

30. —*a*) Cg. b, Ew प्राप्यावन्तीं and –ग्रामवृद्धां. Cb and Śāśvata: केचित्तु प्राप्यावन्तीनिति पठन्ति. —*b*) J, Sh, Cp उपसर. —*c*) Some Mss स्वचरितफले. —*d*) J, Cd. p कृतमिव (also Param).

दीर्घीकुर्वन्पटु मदकलं कूजितं सारसानां
प्रत्यूषेषु स्फुटितकमलामोदमैत्रीकषायः ।
यत्र स्त्रीणां हरति सुरतग्लानिमङ्गानुकूलः
सिप्रावातः प्रियतम इव प्रार्थनाचाटुकारः ।। ३१ ।।

जालोद्गीर्णैरुपचितवपुः केशसंस्कारधूपै-
र्बन्धुप्रीत्या भवनशिखिभिर्दत्तनृत्तोपहारः ।
हर्म्येष्वस्याः कुसुमसुरभिष्वध्वखिन्नान्तरात्मा
नीत्वा रात्रिं ललितवनितापादरागाङ्कितेषु ।। ३२ ।।

31. —*a*) Sh, Cs. st. p, Ew. g (also Param and Mahima) पटुमदकलं (Cst. p also notice text-reading). —*b*) Sh प्रत्यूषेऽर्ध–. Some Mss स्फुरित–. Cf. चाटुकार इव दक्षिणानिलः Kumāra viii. 25d. —*c*) Cb तत्र. —cd) Some Mss in Foulkes transpose यत्र स्त्रीणां and सिप्रावातः. Some Mss शिप्रा. After 31, J, Cs insert the following verse:

*3 प्रद्योतस्य प्रियदुहितरं वत्सराजोऽत्र जह्रे
हैमं तालद्रुमवनमभूदत्र तस्यैव राज्ञः ।
अत्रोद्भ्रान्तः किल नलगिरिः स्तम्भमुत्पाट्य दर्पा-
दित्यागन्तून् रमयति जनो यत्र बन्धूनभिज्ञः ।

J continues: Cs (after 33) inserts:

*4 हारांस्तारांस्तरलगुटिकान्कोटिशः शङ्खशुक्तीः
शष्पश्यामान्मरकतमणीनुन्मयूखप्ररोहान् ।
दृष्ट्वा यस्यां विपणिरचितान्विद्रुमाणां च भङ्गा-
न्संलक्ष्यन्ते सलिलनिधयस्तोयमात्रावशेषाः ।।

Cm includes these verses (as well as *9) but transposes them and regards them as interpolated with the remark: इतःपरं प्रक्षिप्तमपि श्लोकत्रयं व्याख्यायते. Cs. c also include *9 consecutively after *3 and *4. Cst. includes *4 but remarks: केचित्प्रक्षेपकमिदमिति वदन्ति. N and Śila-d. ultilise (after 33) *3 and *4, but like Cm transpose them. After 30, Mahima inserts these verses thus: *4, *9, 31, *3. [variants: *3—*c*) Some Mss नळ– or नडगिरिः. —*d*) Some Mss गमयति (for रमयति) and तैस्तैर्विशेषैः (for बन्धूनभिज्ञः). *4—*a*) J घुटिकान्; Cs गुलिकान्. —*c*) Some Mss यस्यां दृष्ट्वा. Are emeralds a product of the sea, as described in *4 ?

32. —*a*) Cv –संस्कारधूमैः (also Sumati and Mahima). —*b*) T, Sh, Cs. st. m. p. g. b, Ew. g –नृत्योपहारः. —*c*) Cd. m, Es अध्वखेदं नयेथाः.—*d*) J, Sh, N, Cs. st. (Śila-d.) नीत्वा खेदं (Cd notices this

भर्तुः कण्ठच्छविरिति गणैः सादरं वीक्ष्यमाणः
पुण्यं यायास्त्रिभुवनगुरोर्धाम चण्डेश्वरस्य ।
धूतोद्यानं कुवलयरजोगन्धिभिर्गन्धवत्या-
स्तोयक्रीडानिरतयुवतिस्नानतिक्तैर्मरुद्भिः ।। ३३ ।।

अप्यन्यस्मिञ्जलधर महाकालमासाद्य काले
स्थातव्यं ते नयनविषयं यावदत्येति भानुः ।
कुर्वन्संध्याबलिपटहतां शूलिनः श्लाघनीया-
मामन्द्राणां फलमविकलं लप्स्यसे गर्जितानाम् ।। ३४ ।।

पादन्यासक्वणितरशनास्तत्र लीलावधूतै
रत्नच्छायारचितवलिभिश्चामरैः क्लान्तहस्ताः ।
वेश्यास्त्वत्तो नखपदसुखान्प्राप्य वर्षाग्रबिन्दू-
नामोक्ष्यन्ते त्वयि मधुकरश्रेणिदीर्घान्कटाक्षान् ।। ३५ ।।

पश्चादुच्चैर्भुजतरुवनं मण्डलेनाभिलीनः
सांध्यं तेजः प्रतिनवजपापुष्परक्तं दधानः ।
नृत्तारम्भे हर पशुपतेरार्द्रनागाजिनेच्छां
शान्तोद्वेगस्तिमितनयनं दृष्टभक्तिर्भवान्या ।। ३६ ।।

variant); T. Cg. b, Ew. g त्यक्तवा खेदं (also Kalyāṇamalla); Cc. p खेदं नीत्वा (also Param); Cd, Et पश्यन् लक्ष्मीं; Cm, Es लक्ष्मीं पश्यन्; Foulkes जीमूत. त्वं; some Mss मुक्त्वा खेदं or रात्रिं नीत्वा.

33. —*a*) Sh, Cv सादरं दृश्यमानः (also Param). —*b*) J, Sh, Cs. c. st. m, Es चण्डीश्वरस्य; T substitutes श्रीकण्ठ.—*c*) Some Mss धौतोद्यानं.—*d*) Sh. Cd -क्रीडाभिरत-(Śāśvata accepts this reading); Cp. g. b, Ew (Param, shorter recension) -क्रीडाविरत- (Cg. b अविरत= अव्यासक्त; Cp विरत=निवृत्त).

34. —*b*) T, Cv. s. st. g. b, Ew. g अभ्येति (Cs अभ्येति अतिक्रामति); Sh अप्येति. —*d*) Eg and some Mss आमन्त्राणां.

35. —*a*) Sh, Cm पादन्यासैः. —*b*) Some Mss -रचितवलिभिः, and कान्तहस्ता. —*d*) Cv. s. d. p. Ew. g आमोक्ष्यन्ति (also Param).

36. —*b*) Cb सायं तेजः. Cs विकसितजपा-(also Sār. Sumati and Mahima). Sh, Cg. b, Ew. g. s. -जबा-.—*c*) T, Sh, Cs. st. m. g. b, Ew. g नृत्यारम्भे.—*d*) Cp शान्तोद्वेगः स्तिमित-(also Śīla-d.). See Cm on the un-Pāṇinian formation दृष्टभक्तिः; also Chowdhury §25.

गच्छन्तीनां रमणवसतिं योषितां तत्र नक्तं
रुद्धालोके नरपतिपथे सूचिभेद्यैस्तमोभिः ।
सौदामन्या कनकनिकषस्निग्धया दर्शयोर्वीं
तोयोत्सर्गस्तनितमुखरो मा स्म भूर्विक्लवास्ताः ॥ ३७ ॥

तां कस्यांचिद्भवनवलभौ सुप्तपारावतायां
नीत्वा रात्रिं चिरविलसनात्खिन्नविद्युत्कलत्रः ।
दृष्टे सूर्ये पुनरपि भवान्वाहयेदध्वशेषं
मन्दायन्ते न खलु सुहृदामभ्युपेतार्थकृत्याः ॥ ३८ ॥

तस्मिन्काले नयनसलिलं योषितां खण्डितानां
शान्तिं नेयं प्रणयिभिरतो वर्त्म भानोस्त्यजाशु ।
प्रालेयास्त्रं कमलवदनात्सोऽपि हर्तुं नलिन्याः
प्रत्यावृत्तस्त्वयि कररुधि स्यादनल्पाभ्यसूयः ॥ ३९ ॥

गम्भीरायाः पयसि सरितश्चेतसीव प्रसन्ने
छायात्मापि प्रकृतिसुभगो लप्स्यते ते प्रवेशम् ।
तस्मादस्याः कुमुदविशदान्यर्हसि त्वं न धैर्या-
न्मोघीकर्तुं चटुलशफरोद्वर्तनप्रेक्षितानि ॥ ४० ॥

तस्याः किंचित्करधृतमिव प्राप्तवानीरशाखं
हृत्वा नीलं सलिलवसनं मुक्तरोधोनितम्बम् ।
प्रस्थानं ते कथमपि सखे लम्बमानस्य भावि
ज्ञातास्वादो विवृतजघनां को विहातुं समर्थः ॥ ४१ ॥

37. —*a*) Ew तत्र रात्रौ.—*c*) Sh, Cv. s. st. Ew. g सौदामिन्या (also Param). T, Cg. Ew–निकषच्छायया (Cb notices this reading). Cf Vikramorvaśīya iv. 1 कनकनिकषस्निग्धा विद्युत्प्रिया मम नोर्वशी. —*d*) Some Mss –विमुखो (for मुखरो). J, Cd. g. b, Ew (also Param) मा च भूः (Cd चकारो दर्शयेति क्रियया सेवासमुच्चयार्थः).

38. —*a*) Sh तस्याः किंचित् (Cf 41 a). Cg. b, Ew. g-वडभौ.—*c*) Cp सूर्ये दृष्टे by transp.

39. —*c*) Cst, Param and some Mss कमलनयनात्.

त्वन्निष्यन्दोच्छ्वसितवसुधागन्धसंपर्करम्यः
स्रोतोरन्ध्रध्वनितसुभगं दन्तिभिः पीयमानः ।
नीचैर्वास्यत्युपजिगमिषोर्देवपूर्वं गिरिं ते
शीतो वायुः परिणमयिता काननोदुम्बराणाम् ।। ४२ ।।

तत्र स्कन्दं नियतवसतिं पुष्पमेघीकृतात्मा
पुष्पासारैः स्नपयतु भवान्व्योमगङ्गाजलार्द्रैः ।
रक्षाहेतोर्नवशशिभृता वासवीनां चमूना-
मत्यादित्यं हुतवहमुखे संभृतं तद्धि तेजः ।। ४३ ।।

ज्योतिर्लेखावलयि गलितं यस्य बर्हं भवानी
पुत्रप्रेम्णा कुवलयदलप्रापि कर्णे करोति ।
धौतापाङ्गं हरशशिरुचा पावकेस्तं मयूरं
पश्चादद्रिग्रहणगुरुभिर्गर्जितैर्नर्तयेथाः ।। ४४ ।।

आराध्यैनं शरवणभवं देवमुल्लङ्घिताध्वा
सिद्धद्वन्द्वैर्जलकणभयाद्वीणिभिर्मुक्तमार्गः ।
व्यालम्बेथाः सुरभितनयालम्भजां मानयिष्य-
न्स्रोतोमूर्त्या भुवि परिणतां रन्तिदेवस्य कीर्तिम् ।। ४५ ।।

त्वय्यादातुं जलमवनते शार्ङ्गिणो वर्णचौरे
तस्याः सिन्धोः पृथुमपि तनुं दूरभावात्प्रवाहम् ।
प्रेक्षिष्यन्ते गगनगतयो नूनमावर्ज्य दृष्टी-
रेकं मुक्तागुणमिव भुवः स्थूलमध्येन्द्रनीलम् ।। ४६ ।।

तामुत्तीर्य व्रज परिचितभ्रूलताविभ्रमाणां
पक्ष्मोत्क्षेपादुपरिविलसत्कृष्णशारप्रभाणाम् ।
कुन्दक्षेपानुगमधुकरश्रीमुषामात्मबिम्बं
पात्रीकुर्वन्दशपुरवधूनेत्रकौतूहलानाम् ।। ४७ ।।

ब्रह्मावर्तं जनपदमधश्छायया गाहमानः
क्षेत्रं क्षत्रप्रधनपिशुनं कौरवं तद्भजेथाः ।
राजन्यानां शितशरशतैर्यत्र गाण्डीवधन्वा
धारापातैस्त्वमिव कमलान्यभ्यवर्षन्मुखानि ।। ४८ ।।

हित्वा हालामभिमतरसां रेवतीलोचनाङ्कां
बन्धुप्रीत्या समरविमुखो लाङ्गली याः सिषेवे ।
कृत्वा तासामभिगममपां सौम्य सारस्वतीना-
मन्तःशुद्धस्त्वमसि भविता वर्णमात्रेण कृष्णः ।। ४९ ।।

तस्माद्गच्छेरनुकनखलं शैलराजावतीर्णां
जन्होः कन्यां सगरतनयस्वर्गसोपानपङ्क्तिम् ।
गौरीवक्त्रभ्रुकुटिरचनां या विहस्येव फेनैः
शंभोः केशग्रहणमकरोदिन्दुलग्नोर्मिहस्ता ।। ५० ।।

तस्याः पातुं सुरगज इव व्योम्नि पश्चार्धलम्बी
त्वं चेदच्छस्फटिकविशदं तर्कयेस्तिर्यगम्भः ।
संसर्पन्त्या सपदि भवतः स्रोतसि च्छायया सा
स्यादस्थानोपगतयमुनासंगमेवाभिरामा ।। ५१ ।।

आसीनानां सुरभितशिलं नाभिगन्धैर्मृगाणां
तस्या एव प्रभवमचलं प्राप्य गौरं तुषारैः ।
वक्ष्यस्यध्वश्रमविनयने तस्य शृङ्गे निषण्णः
शोभां शुभ्रत्रिनयनवृषोत्खातपङ्कोपमेयाम् ।। ५२ ।।

तं चेद्वायौ सरति सरलस्कन्धसंघट्टजन्मा
बाधेतोल्काक्षपितचमरीबालभारो दवाग्निः ।
अर्हस्येनं शमयितुमलं वारिधारासहस्रै-
रापन्नार्तिप्रशमनफलाः संपदो ह्युत्तमानाम् ।। ५३ ।।

52. —*d*) Cv शोभां रम्यां; Cd. g. b. शुभ्रां शोभां (also Param); Cb notices text-reading. Et वृषोद्घात–; some Mss–वृषोद्धूत.

53. —*a*) Some Mss वायौ वहति or स्फुरति. Cb– स्कन्धसंघर्ष–. —*b*) Cg. b Ew. g उल्काक्षयित– (also Kalyāṇamalla).

ये त्वां मुक्तध्वनिमसहनाः स्वाङ्गभङ्गाय तस्मि-
न्दर्पोत्सेकादुपरि शरभा लङ्घयिष्यन्त्यलङ्घ्यम् ।
तान्कुर्वीथास्तुमुलकरकावृष्टिहासावकीर्णा-
न्के वा न स्युः परिभवपदं निष्फलारम्भयत्नाः ।। ५४ ।।

तत्र व्यक्तं दृषदि चरणन्यासमर्धेन्दुमौलेः
शश्वत्सिद्धैरुपहृतबलिं भक्तिनम्रः परीयाः ।
यस्मिन्दृष्टे करणविगमादूर्ध्वमुद्धूतपापाः
कल्पन्तेऽस्य स्थिरगणपदप्राप्तये श्रद्दधानाः ।। ५५ ।।

शब्दायन्ते मधुरमनिलैः कीचकाः पूर्यमाणाः
संरक्ताभिस्त्रिपुरविजयो गीयते किंनरीभिः ।
निर्ह्रादी ते मुरज इव चेत्कन्दरेषु ध्वनिः स्या-
त्संगीतार्थो ननु पशुपतेस्तत्र भावी समस्तः ।। ५६ ।।

54. —*ab*) J, Sh, Cs, c. d. m. p, Es ये संरम्भोत्पतनरभसाः स्वाङ्ग (Sh. रभस-स्वाङ्ग) भङ्गाय तस्मिन्मुक्ताध्वानं (Sh, Es मुक्तध्वानं; also Kalyāṇamalla and Sumati) सपदि शरभा लङ्घयेयुर्भवन्तं (also Param); Cb notices this reading. Cv.कायभङ्गाय and Some Mss लम्भयेयुः. The text-reading for these Pādas is given by T, Cv. st. g. b, Ew. g.—*c*) J, Sh, Cs, c. d. m. p–वृष्टिपातावकीर्णान् (also Param); Cc notices the text-reading which is given also by Sār. and Sumati; Cb notes the variant –वृष्टिघातावकीर्णान्.—*d*) J, Sh, Cp केषां न स्युः (also Param). Sh, Cd. p परिभवफलाः (also Param).

55. —*b*) Sh उपभृतबलिं; Cd. m, Ew. g. s उपचित०; Cg. b उपहित०. —*c*) T, Cg. b, Ew. g दूरमुद्धूत.—*d*). J, T, Sh, Cs. d. m. p कल्पिष्यन्ते (Cc notices this variant); N, Cc (also Śīla-d. and Kalyāṇamalla) संकल्पन्ते; Text-reading in Cv. g. b, Ew. g. s (Ei अयमेव पाठः साधीयान्, निरुपसर्गस्यैव क्लृप्तेः पर्याप्तिवाचकत्वात्समित्युपसर्गयोगे तु धातुरयमर्थान्तरं बोधयति). Some Mss सुरगणपद– (this variant is also noticed by Param, who reads स्थिरगुणपद–).

56. —*b*) Cc. d. m संसक्ताभिः; Cm notices the text-reading.—*c*) Sh, Cc. m निर्ह्रादस्ते Cd मुरव इव (also Param). Cv कन्दरासु.—d) T, Sh, N, Cs. c. st. m. p. g. b, Ew. g. s तत्र भावी समग्रः (Cd notices this as well as the text-reading); Cd नृत्यतस्तत्रपूर्णः; text-reading in J, Cv, Param.

प्रालेयाद्रेरुपतटमतिक्रम्य तांस्तान्विशेषा-
न्हंसद्वारं भृगुपतियशोवर्त्म यत्क्रौञ्चरन्ध्रम् ।
तेनोदीचीं दिशमनुसरेस्तिर्यगायामशोभी
श्यामः पादो बलिनियमनाभ्युद्यतस्येव विष्णोः ।। ५७ ।।

गत्वा चोर्ध्वं दशमुखभुजोच्छ्वासितप्रस्थसंधेः
कैलासस्य त्रिदशवनितादर्पणस्यातिथिः स्याः ।
शृङ्गोच्छ्रायैः कुमुदविशदैर्यो वितत्य स्थितः खं
राशीभूतः प्रतिदिशमिव त्र्यम्बकस्याट्टहासः ।। ५८ ।।

उत्पश्यामि त्वयि तटगते स्निग्धभिन्नाञ्जनाभे
सद्यःकृत्तद्विरददशनच्छेदगौरस्य तस्य ।
लीलामद्रेः स्तिमितनयनप्रेक्षणीयां भवित्री-
मंसन्यस्ते सति हलभृतो मेचके वाससीव ।। ५९ ।।

हित्वा तस्मिन्भुजगवलयं शंभुना दत्तहस्ता
क्रीडाशैले यदि च विहरेत्पादचारेण गौरी ।
भङ्गीभक्त्या विरचितवपुः स्तम्भितान्तर्जलौघः
सोपानत्वं व्रज पदसुखस्पर्शमारोहणेषु ।। ६० ।।

57. —*a*) Some Mss उपक्रम्य.—*c*) J दिशमनुपतेः; Cv दिशमभिसरेः.—*d*) Some Ms पादन्यासो बलि–. J बलिनियमने; Cd p बलिविमथना– (also Param). N बलिनियमनायोद्यतस्येव.

58. —*b*) Some Mss दर्शनास्यातिथिः.—*c*) Sh, Ew तुङ्गोच्छ्रायैः. Some Mss कुसुमविशदैः. Foulkes व्याप्य योऽधः स्थितः ख.—*d*) J, Sh, Cd. m. p (Śīla- d) प्रतिदिनमिव; Cv प्रतिनिशमिव; text-reading in T, N, Cs. c. st. g. b, Ew. g. s (also Sār., Sumati, Mahima and Kalyāṇa-malla); it accounts best for the variants. Cf. alternative readings प्रतिदिशं and प्रतिदिनं in Stanza 503 of Kavīndra–vacana (ed. Thomas, Calcutta 1911, p. 157). The question really is whether temporal or spatial accumulation is meant.

59. —*b*) J, Cd. p –द्विरदरदन– (also Param).—*c*) T, Sh, Cd. st. m. p. b, Ew. s शोभामद्रेः (also Param); the text-reading is noticed by Cb as a variant, but Śāśvata says: शोभामित्यपपाठ एवेत्यभिमतमस्माकम्.

60. —*a*) J Sh, Cs तस्मिन्हित्वा; Cv. st. हित्वा नीलं.—*b*) Cst. m. p. g.b (also Param) विचरेत् (Cp notices text-reading).—*c*) Cd. p

तत्रावश्यं वलयकुलिशोद्घट्टनोद्गीर्णतोयं
नेष्यन्ति त्वां सुरयुवतयो यन्त्रधारागृहत्वम् ।
ताभ्यो मोक्षस्तव यदि सखे घर्मलब्धस्य न स्या-
त्क्रीडालोलाः श्रवणपरुषैर्गर्जितैर्भाययेस्ताः ।। ६१ ।।

हेमाम्भोजप्रसवि सलिलं मानसस्याददानः
कुर्वन्कामात्क्षणमुखपटप्रीतिमैरावणस्य ।
धुन्वन्वातैः सजलपृषतैः कल्पवृक्षांशुकानि
च्छायाभिन्नः स्फटिकविशदं निर्विशेस्तं नगेन्द्रम् ।। ६२ ।।

तस्योत्सङ्गे प्रणयिन इव स्रस्तगङ्गादुकूलां
न त्वं दृष्ट्वा न पुनरलकां ज्ञास्यसे कामचारिन् ।
या वः काले वहति सलिलोद्गारमुच्चैर्विमाना
मुक्ताजालग्रथितमलकं कामिनीवाभ्रवृन्दम् ।। ६३ ।।

भङ्गी भक्त्या; Foulkes भक्त्या भङ्गी. Some Mss सूचितान्तर्. Cv –जलोऽस्याः.—*d*) T, Cst. g. b, Ew. g. s सोपानत्वं व्रज (as in text); Cd सोपानं त्वं. Cv. कुरु सुखपद–. J, Sh, N, Cs. d. m. p (also Param and Śila-d.) कुरु मणितटारोहणाग्रयायी (J. रोहणायाग्रचारी); Cst and some Mss°मणिशिलारोहणायाग्रयायी. Some Mss स्पर्शमारोहणाय.

61. —*a*) Cv जनितसलिलोद्गारमन्तःप्रवेशात्; Cst and some Mss कुलिश (= हीरक Sār.) वलयोद्घट्टनोदीर्णं (Cst नोद्गीर्ण) तोय.—*b*) Some Mss सद्यो मोक्षः. J यदि तव by transp.—*c*) Some Mss शर्मलब्धस्य.—*d*) Some Mss श्रवणकटुकैः or °कटुभिः. J, T, Sh, N, Cs गर्जितैर्भीषयेस्ताः; Cst, Sar. गर्जितैर्भापयेस्ताः; Some Mss भर्त्सयेस्ताः. On these forms see Pathak p. 98.

62. Ei considers this st. interpolated.—*a*) Et आदधानः. —*b*) J, T, Sh, Cs. m कामं. T. Cc. st. d. m. p. g. b. Ew. g. s. ऐरावतस्य; J. Cv, s, Et and Mahima as in text.—*c*) J, Sh, Cst. d. m. p धुन्वन्कल्प (Cp धून्वन्कल्प) द्रुमकिसलयान्यंशुकानीव वातैः (J, Sh, Cst. p, Et अंशुकानि स्ववातैः); T, Cv. s. c. g. b, Ew. g. s. give the text-reading.—*d*) Some Mss स्फटिकविमलं. T, Cg. b, Ew. g. s. च्छायाभिन्नस्फटिकविशदं; J. Sh, N, Cd. m. p नानाचेष्टैर्जलद ललितैः (also Param and Śila-d). Cv निर्विशेः पर्वत तं.

63. —*a*) Cv –दुगूलां.—*b*) Some Mss व्योमचारिन्.—*c*) T, Sh, Cs. c. st. d. p. g. b, Ew. g. s. also Param विमानैः. (Text–reading in J, Cv. m).

विद्युत्वन्तं ललितवनिताः सेन्द्रचापं सचित्राः
संगीताय प्रहतमुरजाः स्निग्धगम्भीरघोषम् ।
अन्तस्तोयं मणिमयभुवस्तुङ्गमभ्रंलिहाग्राः
प्रासादास्त्वां तुलयितुमलं यत्र तैस्तैर्विशेषैः ।। ६४ ।।

हस्ते लीलाकमलमलकं बालकुन्दानुविद्धं
नीता लोध्रप्रसवरजसा पाण्डुतामाननश्रीः ।
चूडापाशे नवकुरवकं चारु कर्णे शिरीषं
सीमन्ते च त्वपदुगमजं यत्र नीपं वधूनाम् ।। ६५ ।।

N. B. The division into Purva-and Uttara-megha is here made by some commentators and manuscripts, and is now conventionally accepted; but it is somewhat arbitrary and is not found in the early commentaries of Vallabhadeva and Sthiradeva, nor in Jinasena's text.

64. —*b*) Cs. d संगीतार्थ–. Cd. p प्रहतमुरवाः. J, Cd. p स्निग्धपर्जन्यघोषं. After 64, the sequence of stanzas 65–72 is as follows: in J 67, 70, 5, *6,*65, 66, 69, 68, *7, *8, *9, *10, 71, 72; in T, Cg. b, Ew. g 65, 66, 70, 69, 68, 67, 71, 72; in Sh 65, *5, *6, 66, *7, 69, 68, 67, *8, 70, 71, *10, 72; in N *9, *6, 65, 66, 67, 68, 69, *8, *5, *7, *10, 70, 71, 72; in Śīla-d. 65, *9, *6, 66, 70, 69, *5, *8, 68, *7, 67, *10, 71, 72; in Cv. st as in text; in Cs 65, *6, 66, *7, 69, 70, 68, *5, 67, *8, 71, *10, 72; in Cd. p (which omit 70) 65, 66, 69, 68, 67, 71, 72 (also Param); in Cm 65, 66, *7, 69, 68, 67, *8, 70, 71, *10, 72 ; in *E*s 65, 66, 69, 68, 67, 70, 71, 72.

65. —*a*) J, Cs. c. d. m अलके; Cp. अलका. Cs. c–कुन्दानुबन्धः; Cd कुन्दानुवेधो; Cp कुन्दानुविद्धा. Cd criticises the text-reading as अपपाठ, which Cm disputes. Cs also notices text-reading as a variant. Sār., Sumati and Mahima as in text.—*b*) Cv. st रोध्रप्रसव–. Cd. m आनने श्रीः.—*c*) T, Ew कुरुवकं; Cm कुरबकं.—*d*) Ew सीमन्तेऽपि. J (after *6), Sh (after 65), Cs (after 68): insert, and N utilises (after *8):

*5 यत्रोन्मत्तभ्रमरमुखराः पादपा नित्यपुष्पा
हंसश्रेणीरचितरशना नित्यपद्मा नलिन्यः ।
केकोत्कण्ठा भवनशिखिनो नित्यभास्वत्कलापा
नित्यज्योत्स्नाः प्रतिहततमोवृत्तिरम्याः प्रदोषाः ।।

यस्यां यक्षाः सितमणिमयान्येत्य हर्म्यस्थलानि
ज्योतिश्छायाकुसुमरचनान्युत्तमस्त्रीसहायाः ।
आसेवन्ते मधु रतिफलं कल्पवृक्षप्रसूतं
त्वद्गम्भीरध्वनिषु शनकैः पुष्करेष्वाहतेषु ॥ ६६ ॥

यत्र स्त्रीणां प्रियतमभुजोच्छ्वासितालिङ्गिताना-
मङ्गग्लानिं सुरतजनितां तन्तुजालावलम्बाः ।
त्वत्संरोधापगमविशदैश्चोतिताश्चन्द्रपादै-
र्व्यालुम्पन्ति स्फुटजललवस्यन्दिनश्चन्द्रकान्ताः ॥ ६७ ॥

Sh continues; J (after 70), Cs (after 65) insert and N utilises (after *9):

*6 आनन्दोत्थं नयनसलिलं यत्र नान्यैर्निमित्तै-
र्नान्यस्तापः कुसुमशरजादिष्टसंयोगसाध्यात् ।
नाप्यन्यस्मात्प्रणयकलहाद्विप्रयोगोपपत्ति-
र्वित्तेशानां न च खलु वयो यौवनादन्यदस्ति ॥

Cc includes only *6. Cm includes and comments on these verses but pronounces them to be interpolated (श्लोकद्वयं प्रक्षिप्तम्). Śīla-d. utilises *6 (after *9) and *5 (after 69) [variants: *5.–J यत्रासन्नभ्रमरनिकराः, नित्यज्योत्स्ना–. Sār. यस्योन्मत्तभ्रमर–*6.– J नाप्यन्यत्र, न खलु च वयो).

66. —*a*) Sh शित–; Cb शितेति. . .व्याचक्षते केचित्.—*b*) Sh, Cd. m. Ew. s- रचितान्यु -(also Sār.); Cp -खचितान्यु -(also Param). —*c*) T, Cg. b, Ew. g. s रतिरस. Cp and Param प्रसूति.—*d*) J–ध्वनिषु मधुरं. Hereafter Cg does not explain or meagrely explains 68, 70, 71, 73–78, 81, 84, 86–89, 94, 95, 98, 100–2, *13, 103–4, 106–7, 109, *14, 111 as they are said to be easy (सुगमम्) ; hence Cg's readings of these stanzas cannot be always determined.

J (after 68), Sh, Cs. c. m (after 66) insert and N (after *5), Śīla-d. (after 68) utilize:

*7 मन्दाकिन्याः सलिलशिशिरैः सेव्यमाना मरुद्भि-
र्मन्दाराणामनुतटरुहां छायया वारितोष्णाः ।
अन्वेष्टव्यैः कनकसिकतामुष्टिनिक्षेपगूढैः
संक्रीडन्ते मणिभिरमरप्रार्थिता यत्र कन्याः ॥

[variants:—*a*) Cs पयसि शिशिरैः.—*b*) J तटवनरुहां].

67. —*a*) T, Cv. c. st. m, Eg. s–भुजालिङ्गनोच्छासितानां; Sh–भुजोच्छासितालिङ्गनानां; some Mss भुजालिङ्गितोच्छासितानां.—*b*) Cst and Sār.

नेत्रा नीताः सततगतिना यद्विमानाग्रभूमी-
रालेख्यानां सलिलकणिकादोषमुत्पाद्य सद्यः ।
शङ्कास्पृष्टा इव जलमुचस्त्वादृशा यत्र जालै-
र्धूमोद्गारानुकृतिनिपुणा जर्जरा निष्पतन्ति ॥ ६८ ॥

नीवीबन्धोच्छ्वसितशिथिलं यत्र यक्षाङ्गनानां
वासः कामादनिभृतकरेष्वाक्षिपत्सु प्रियेषु ।
अर्चिस्तुङ्गानभिमुखमपि प्राप्य रत्नप्रदीपा-
न्ह्रीमूढानां भवति विफलप्रेरणा चूर्णमुष्टिः ॥ ६९ ॥

यन्त्रजालावलम्बाः (Cs notices this reading). —*c*) Some Mss त्वत्संपर्कोपगम–. J इन्दुपादैर्निशीथे; T, Sh, Cs. c. st. m. d. p. चन्द्रपादैर्निशीथे; Cg, Ew. g प्रेरिताश्चन्द्रपादैः (also Sār. and Kalyāṇamalla); Cb, Es चोदिताश्चन्द्र०; some Mss द्योतिताश्चन्द्र०; text-reading in Cv, which explains the variants. J (after *7), Sh, Cs. m (after 67) insert and N (after 69), Śīla–d. (after *5) utilise:

*8 अक्षय्यान्तर्भवननिधयः प्रत्यहं रक्तकण्ठै-
रुद्गायद्भिर्धनपतियशः किंनरैर्यत्र सार्धम् ।
वैभ्राजाख्यं विबुधवनितावारमुख्यासहाया
बद्धालापा बहिरुपवनं कामिनो निर्विशन्ति ॥

[variants: —*a*) 3s अक्षीणान्तर्भवन–. —*d*) N, Cs बद्धापानं; Śīla-d. बद्ध्वा यानं; some Mss बह्वालापा].

68. —*a*) Some Mss यत्रानीताः T, Cb, Ew ये विमानाग्र-. Sh. Cp-भूमेः. (also Param). –*b*) J, T, Cg. b स्वजलकणिका- (Cf. 59*a*) (Cm. in Ei, Et has this reading!); Cv, Eg. s नवजलकणैः (Cb notices this reading); Ew सजलकणिका-; text-reading in Sh, Cs, c. st. d. m. p (also Sār). —*c*) Cm त्वादृशो. Cs. d. p यन्त्रजालैः (also Param and Sumati); Cm, Es जालमार्गैः.—*d*) Cp धूपोद्गारा-. Cv–निपुणं; some Mss–कुशला.

69. —*a*) Cv. p –बन्धोच्छ्सन–. J, Sh, Cs. d. m. p यत्र बिम्बाधराणां (also Param). —*b*) J, Sh, Cst. d. m. p, Es क्षौमं रागात् (also Param); some Mss वासः कायात्.—*c*) Cs. d विद्युद्दीप्रा (Cs दीप्ता) नभिमुखमपि. Cg. b, Ew. g. अभिमुखगतान्.—*d*) Sh विफलप्रेरिता; Cv. st विफलप्रेरणः; Śīla–d. विफलप्रेरितः; some Mss विफलः प्रेरितः.

गत्युत्कम्पादलकपतितैर्यत्र मन्दारपुष्पैः
पत्रच्छेदैः कनककमलैः कर्णविभ्रंशिभिश्च ।
मुक्ताजालैः स्तनपरिचितैच्छिन्नसूत्रैश्च हारै-
र्नैशो मार्गः सवितुरुदये सूच्यते कामिनीनाम् ॥ ७० ॥

मत्वा देवं धनपतिसखं यत्र साक्षाद्वसन्तं
प्रायश्चापं न वहति भयान्मन्मथः षट्पदज्यम् ।
सभ्रूभङ्गप्रहितनयनैः कामिलक्ष्येष्वमोघै-
स्तस्यारम्भश्चतुरवनिताविभ्रमैरेव सिद्धः ॥ ७१ ॥

70. —Cd. p and Parameśvara omit this stanza. Ei considers it interpolated.—*a*) Some Mss गत्यौत्कम्पात्.—*b*) Cv. c. b क्लृप्तच्छेद्यैः; Ew. g ०च्छेदैः (noticed by Cb as a variant); Cs लुप्तच्छायैः. Cst पत्रच्छेद्यः (notices text-reading also). Cb, Ew. g कनकनलिनैः; Cs and some Mss –विस्रंसिभिश्च.—*c*) Cv. c. st मुक्तालग्नस्तनपरिमलैः; Cs मुक्तालग्नस्तनपरिसर-; Mahima मुक्ताजालस्तनपरिचय–. Mahima also notices the alternative reading मुक्तालग्नस्तनपरिमलच्छिन्न– (which is accepted by Sumati), as well as the text-reading. Sh, Cm, Ew. g. s. स्तनपरिसरच्छिन्न–; Cb स्तनपरिसरैश्छिन्न– (Cb defends this reading from the attack of Bṛhaspati); some Mss –परिमलैर्भिन्नसूत्रः,–परिचितच्छिन्नसूत्रैः and–परिचयच्छिन्नसूत्रैः Cst notices the variant मुक्ताजालस्तनपरिसरच्छिन्न–. Sār. remarks: मुक्तालग्नस्तनपरिमलच्छिन्नसूत्रैश्च हारैरिति मुख्यः पाठः, मुक्ताजालैः स्तनपरिसरच्छिन्नसूत्रैश्च हारैरिति पाठान्तरम् ।
J continues (after *8); Cs. c insert (after 31); N (after 64) and Śīla–d. (after 65) utilise:

*9 पत्रश्यामा दिनकरहयस्पर्धिनो यत्र वाहाः
शैलोदग्रास्त्वमिव करिणो वृष्टिमन्तः प्रभेदात् ।
योधाग्रण्यः प्रतिदशमुखं संयुगे तस्थिवांसः
प्रत्यादिष्टाभरणरुचयश्चन्द्रहासव्रणाङ्कैः ॥

Cm includes this verse in continuation of *3– *4 (see above under 31) but considers it to be interpolated. [variant: –*a*) Cs शष्पश्यामा, Et घासश्यामा (Sār. सस्यश्यामा). –*b*) Some Mss वृष्टिमन्तः पयोदाः].

71. —*a*) Some Mss दृष्ट्वा देवं—*b*) Cd भयात्त्वामपि प्रेक्ष्य कामः—*c*) J. Cs. c. b, Et सभ्रूभङ्गं. –*d*) T, Cb, Ew. g चटुलवनिता–.

तत्रागारं धनपतिगृहादुत्तरेणास्मदीयं
दूराल्लक्ष्यं तदमरधनुश्चारुणा तोरणेन ।
यस्योद्याने कृतकतनयः कान्तया वर्धितो मे
हस्तप्राप्यस्तबकनमितो बालमन्दारवृक्षः ।। ७२ ।।

वापी चास्मिन्मरकतशिलाबद्धसोपानमार्गा
हैमैः स्यूता कमलमुकुलैः स्निग्धवैडूर्यनालैः ।
यस्यास्तोये कृतवसतयो मानसं संनिकृष्टं
नाध्यास्यन्ति व्यपगतशुचस्त्वामपि प्रेक्ष्य हंसाः ।। ७३ ।।

J (after *8), Sh, Cs. m (after 71) insert and N (after *7), Śīla–d. (after 67.) utilise:

*10 वासश्चित्रं मधु नयनयोर्विभ्रमादेशदक्षं
पुष्पोद्भेदं सह किसलयैर्भूषणानां विकल्पान् ।
लाक्षारागं चरणकमलन्यासयोग्यं च यस्या-
मेकः सूते सकलमबलामण्डनं कल्पवृक्षः ।।

[variants: *b*) J विकल्पं; some Mss विशेषान्. *cd*) J च यस्मिन्नेकः सूते]

72. –*a*) Ew अत्रागारं. Cv. c. d. m. p. b, Es -गृहानुत्तरेण. (Cv. पञ्चम्यन्तः पाठस्त्वनार्यः but Tattvabodhinī on Sidhānta-Kaumudī (on ii. 3. 31) remarks on this passage: उत्तरेणेत्येतत्—तोरण-समानाधिकरणं तृतीयान्तं न त्वेनबन्तमित्याहुः, धनपतिगृहानुत्तरेणास्मदीयमिति कैश्चित्पठ्यते, तदा तु सम्यगेव। Cm धनपतिगृहादिति पाठे उत्तरेणेति नैनप्प्रत्ययान्तं किंतु तोरणेनेत्यस्य विशेषणं तृतीयान्तं। Cb गृहादुत्तरेणेति पाठे विशेषेऽपि क्वचित्सामान्यप्रवृत्तेर्दिक्-शब्देन योगे पञ्चमी। Sār., Sumati, Mahima, Parameśvara anu Kalyāṇamalla as in text; so also Rājaśekhara in Kāvyamīmāmsā. The masculine gender of गृह is justified by quoting Amara-kośa गृहाः पुंसि च भूम्न्येव. —*b*) J, Cd. p त्वदमरधनुः; T, Sh, Cs. c. st. m. g. b, Ew. g. s. (also Param) सुरपतिधनुः (Mahima as in text). –*c*) Cv. d. m यस्योपान्ते. J वर्धितः कान्तया by transp. —*d*) Some Mss स्तबकविनतो.

73. –*b*) J, Sh, Cd. p हैमः स्फीता; Cs. c. st. m. b, Ew. s हैमैश्छन्ना (also Sār.). J, T, Cs. c. st. m, Es विकचकमलैः; some Mss कनककमलैः and कमलकुसुमैः. J, Sh, Cd. p दीर्घवैडूर्य (or वदूर्य) (also Param). –*c*) Cp यस्यास्तीरे. –*d*) Sh, N, Cc. m. d. Es नाध्यास्यन्ति (Cm आध्यानमुत्कण्ठास्मरणमिति काशिकायाम्); some Mss न ध्यान्ति. Some Mss त्वामलं J. प्राप्यहंसाः

तस्यास्तीरे रचितशिखरः पेशलैरिन्द्रनीलैः
क्रीडाशैलः कनककदलीवेष्टनप्रेक्षणीयः ।
मद्गेहिन्याः प्रिय इति सखे चेतसा कातरेण
प्रेक्ष्योपान्तस्फुरिततडितं त्वां तमेव स्मरामि ।। ७४ ।।

रक्ताशोकश्चलकिसलयः केसरश्चात्र कान्तः
प्रत्यासन्नौ कुरवकवृतेर्माधवीमण्डपस्य ।
एकः सख्यास्तव सह मया वामपादाभिलाषी
काङ्क्षत्यन्यो वदनमदिरां दोहदच्छद्मनास्याः ।। ७५ ।।

तन्मध्ये च स्फटिकफलका काञ्चनी वासयष्टि-
र्मूले बद्धा मणिभिरनतिप्रौढवंशप्रकाशैः ।
तालैः शिञ्जद्वलयसुभगैर्नर्तितः कान्तया मे
यामध्यास्ते दिवसविगमे नीलकण्ठः सुहृद्वः ।। ७६ ।।

74. —*a*) Cv, Ew यस्यास्तीरे J, Sh, Cs. c. d. p. (also Param) विहितशिखरः (text–reading also noticed by Cc); Cv निचित०.—*b*) T, Ew. g –वेष्टनः प्रेक्षणीयः; Sh and some Mss –वेष्टित–. —*d*) J–स्फुटित–. Param–स्फुटिततटितं.

75. —*a*) T, Cs. g. b, Ew केसरस्तत्र.–*b*) Cb, Ew. g प्रत्यासन्नः. T, Cb, Ew कुरुवक; Cst. m कुरुबक.—*d*) Sh वाञ्छत्यन्यो (also Śila–d.). J दौह्र्दद–; Cd. p. दोहल– (also Param). J transposes 75–78 and 79–81.

76. —*b*) Cv मूले नद्धा.—*c*) Sh, Cs. c. d. m शिञ्जावलय-; Foulkes (2 Mss) शिञ्जद्वलय–as in text. (Cv शिञ्जदिति प्रयोगः प्रमादजः, अनित्यो वानुदात्तेदात्मनेपदविधिः; Cp परस्मैपदित्वं चिन्त्यं; Cd परस्मैपदं न भवति; Cc शिञ्जद्वलयसुभगैरित्यशुद्धः पाठः; Cb शिञ्जदिति क्वचिदात्मनेपदिनोऽपि परस्मैपदं स्यादिति बहवः प्रयोगा दृश्यन्ते; Cs also notices and justifies the text-reading; Dhvanyāloka reads as in text). J, Ew कान्तया नर्तितो by transp. Some Mss सभ्रूभङ्गं करतललयैर्नर्तितः (Sār. and Mahima notice this reading; obvisouly it is an emendation).

एभिः साधो हृदयनिहितैर्लक्षणैर्लक्षयेथा
द्वारोपान्ते लिखितवपुषौ शङ्खपद्मौ च दृष्ट्वा ।
क्षामच्छायं भवनमधुना मद्वियोगेन नूनं
सूर्यापाये न खलु कमलं पुष्यति स्वामभिख्याम् ॥ ७७ ॥

गत्वा सद्यः कलभतनुतां शीघ्रसंपातहेतोः
क्रीडाशैले प्रथमकथिते रम्यसानौ निषण्णः ।
अर्हस्यन्तर्भवनपतितां कर्तुमल्पाल्पभासं
खद्योतालीविलसितनिभां विद्युदुन्मेषदृष्टिम् ॥ ७८ ॥

तन्वी श्यामा शिखरदशना पक्वबिम्बाधरोष्ठी
मध्ये क्षामा चकितहरिणीप्रेक्षणा निम्ननाभिः ।
श्रोणीभारादलसगमना स्तोकनम्रा स्तनाभ्यां
या तत्र स्याद्युवतिविषये सृष्टिराद्येव धातुः ॥ ७९ ॥

77. —*a*) Some Mss मनसि निहितैः. Cv लक्षणैर्लक्षणीयं; Cs लक्षयेस्तत्. Cd लक्षयतेः कर्मादर्शनाल्लक्षयेस्तदिति केचित्पठन्ति.—*c*) T, Cb, Ew. g. s मन्दच्छायं (also Kalyāṇamalla).

78. —*a*) T, Cb, Ew. g. s. तत्परित्राणहेतोः—*b*) Cd रत्नसानौ.—*c*) Sh अर्हस्येनं भवन–.—*d*) Some Mss–विलसन–.

79. —*a*) J, Cd. m, Es शिखरिदशना; Sār. gives the variant अशिखरदशना. The text-reading is given by T, Sh, Cv. c. st. p. b, Ew. The phrase is found in *Rāmāyana* (Bom. ed) 3. 46. 17: समाः शिखरिणः स्निग्धाः पाण्डुरा दशनास्तव । [Cv शिखरदशना तीक्ष्णदन्ता । Cs शिखरिणः कोटिमन्तो दशना दन्ता यस्याः, शिखरदशनेति पाठे शिखराणि दाडिमबीजानीव दशना यस्याः। Cp शिखराख्यमाणिक्यविशेषवत् स्निग्धधवलारुणदन्ती । पक्वदाडिमबीजाभं माणिक्यं शिखरं विदुरिति हलायुधः । Cb (Cg similar): शिखरवत्कुन्दकुट्मलवद्दशना दन्तास्तादृशी। शिखरं शृङ्गमग्रं च शिखरं कुन्दकुट्मल इति बलः । केचित्तु शिखरमग्रं तदतिशयेनात्रास्तीति अतिशयेऽर्शादित्वादत्; शिखरा अतिशयिताग्रा दशना यस्याः सा । तथा दशनानां तीक्ष्णाग्रत्वेन शुभलक्षणं सूचितम् । Cc शिखराणि दाडिमबीजानीव दशना यस्याः सा ।]. Cv. b, Eg–बिम्बाधरौष्ठी.—*b*) Cv -हरिणप्रेक्षणी; Cs. c. d या –हरिणीप्रेक्षणी; some Mss -हरिणीप्रेक्षिता.—*d*) Et and some Mss तत्रास्ते. J युवतिविषया T, Cb, Ew आद्यैव J transposes 79–81 and 75—78.

तां जानीयाः परिमितकथां जीवितं मे द्वितीयं
दूरीभूते मयि सहचरे चक्रवाकीमिवैकाम् ।
गाढोत्कण्ठां गुरुषु दिवसेष्वेषु गच्छत्सु बालां
जातां मन्ये शिशिरमथितां पद्मिनीं वान्यरूपाम् ॥ ८० ॥

नूनं तस्याः प्रबलरुदितोच्छूननेत्रं बहूनां
निःश्वासानामशिशिरतया भिन्नवर्णाधरोष्ठम् ।
हस्तन्यस्तं मुखमसकलव्यक्ति लम्बालकत्वा-
दिन्दोर्दैन्यं त्वदुपसरणक्लिष्टकान्तेर्बिभर्ति ॥ ८१ ॥

आलोके ते निपतति पुरा सा बलिव्याकुला वा
मत्सादृश्यं विरहतनु वा भावगम्यं लिखन्ती ।
पृच्छन्ती वा मधुरवचनां सारिकां पञ्जरस्थां
कच्चिद्भर्तुः स्मरसि रसिके त्वं हि तस्य प्रियेति ॥ ८२ ॥

80. —*a*) Sh, Cc. m, Es जानीथा: (cf use of Atmanepada of jñā in 63b).—*c*) J, Cd गादोत्कण्ठा (also Param). Cv. p गाढोत्कण्ठागुरुषु Cs. st. b notice this variant). J, Cd. p बाला (also Param).—*d*) J, Cd. p जाता मन्ये शिशिरमथिना पद्मिनीवान्यरूपा (also Pram). N, Cs. c तुहिनमथितां (also Sār and Śīla-d.).

81. —*a*) Cs. c. st. d. m. p. b, Ew. g. s नेत्रं प्रियाया:.—*b*) Cv. b, Eg वर्णाधरौष्ठं.—*c*) T, Ew. g हस्ते न्यस्तं.—*d*) Sh त्वदुपगमनात्; N, Cc. st. m. p. b, Ew. g त्वदनुसरण–(also Śīla-d.); Cs. d त्वदुपगमन–. Foulkes–क्षीणकान्ते:.

82. —*a*) Ew पुरे; Cb केचित्तु पुर इति अग्रत:. Sh संलक्ष्य ते गृहपतिधरे (!) —*b*.) Cc. b, Ew. g विरहतनुताभाव–(Cg notices this variant); Cb केचिभविरहतनुसद्भावेति पठन्ति. J भाव्यगम्यं some Mss भावगर्भं.—*c*) J मधुरवचनं.—*d*) Some Mss भर्तु: कच्चित् by transp. Sh, Cv. g. b, Ew. g स्मरसि निभृते (=विनीते Cv; नि:शब्दे Cg;=विनीते, दक्षे वा, परितोषिते वा, विजनप्रदेशे वा Cb); Cd ॰ गिरिके°(explained as: मार्जारादिसंनिधानात्पञ्जराभ्यन्तरं प्रविश्य बालमूषिकेव बिभेतीति बालमूषिकानामान्तरेण शारिकाया उपालम्भपूर्वं संबोधनम्। गिरिका बालमूषिकेत्यमर:); Cp ॰सुभगे.

उत्सङ्गे वा मलिनवसने सौम्य निक्षिप्य वीणां
मद्गोत्राङ्कं विरचितपदं गेयमुद्गातुकामा ।
तन्त्रीरार्द्रा नयनसलिलैः सारयित्वा कथंचि-
द्भूयो भूयः स्वयमपि कृतां मूर्छनां विस्मरन्ती ।। ८३ ।।

शेषान्मासान्विरहदिवसस्थापितस्यावधेर्वा
विन्यस्यन्ती भुवि गणनया देहलीमुक्तपुष्पैः ।
संयोगं वा हृदयनिहितारम्भमास्वादयन्ती
प्रायेणैते रमणविरहेष्वङ्गनानां विनोदाः ।। ८४ ।।

सव्यापारामहनि न तथा पीडयेद्विप्रयोगः
शङ्के रात्रौ गुरुतरशुचं निर्विनोदां सखीं ते ।
मत्संदेशैः सुखयितुमतः पश्य साध्वीं निशीथे
तामुन्निद्रामवनिशयनासन्नवातायनस्थः ।। ८५ ।।

83. —*a*) Cv सोम्य.—*b*) Cm गीतमिति पाठे स एवार्थः.—*c*) Sh, Cs. c. st. d. m. b तन्त्रीमार्द्रां.—*d*) J, Cs. c. st. d. p (also Param) स्वयमधिकृतां (Cd, however, explains स्वयमधिकृतामात्मप्रस्तुतां).

84. —*a*) Foulkes प्रथमदिवस–. Sh विरहदिवसे स्थापितस्य; Cv. s.. c. st. b, Ew. g. ˳s °गमनदिवसप्रस्तुतस्य (Cs. c. st. b, Ew. g. s °स्थापितस्य; some Mss प्रस्थितस्य).—*b*) T, Cv. m दत्तपुष्पै :. —*c*) Sh, Cs. d. p. मत्संयोग (also Param); Cm संभोगं वा; Es मत्सङ्गं वा; Foulkes म‹संभोग. J हृदयरचिता–. Cb, Ew श्रासादयन्ती; some Mss उत्पादयन्ती.—*d*) Cb, Ew. g. s विरहे ह्यङ्गनानां.

85. —*a*) Cv. खेदयेत्. Cs. c. st. m. b, Ew. g. s. मद्वियोगः (Et as in text. !).—*c*) T, Sh, Cs. st. d. m. p. b, Ew. g. s सुखयितुमलं (also Param). Cb notices a variant सौम्य for पश्य.—*d*) J, Cs. d, Es श्रवनि- (Cd विरह-) शायनां सद्म–; Sh, Ew °शयनां सन्न- (also Kalyāṇamalla); N, Cc. m °शयनां सौध–, (Sār. Sumati and Śīla-d as in text). —The sequence of stanzas 85–92 in N and Cv is as follows: 88, 85, 86, 87, 89, 91, 90, 92, in Cs 85, 88, 87, 86, 89, 91, 90, 92; in Cst 88, 86, 87, 89, 91, 85, 90, 92; in Śīla-d. 88, 86, 87, 89, 90, 91, 85, 92. For slight change of order in Cc. m, Es see *v. l.* to 87.

आधिक्षामां विरहशयने संनिषण्णैकपार्श्वां
प्राचीमूले तनुमिव कलामात्रशेषां हिमांशोः।
नीता रात्रिः क्षण इव मया सार्धमिच्छारतैर्या
तामेवोष्णैर्विरहमहतीमश्रुभिर्यापयन्तीम् ॥ ८६ ॥

निःश्वासेनाधरकिसलयक्लेशिना विक्षिपन्तीं
शुद्धस्नानात्परुषमलकं नूनमागण्डलम्बम्।
मत्संयोगः कथमुपनमेत्स्वप्नजोऽपीति निद्रा-
माकाङ्क्षन्तीं नयनसलिलोत्पीडरुद्धावकाशाम् ॥ ८७ ॥

आद्ये बद्धा विरहदिवसे या शिखा दाम हित्वा
शापस्यान्ते विगलितशुचा तां मयोद्वेष्टनीयाम्।
स्पर्शक्लिष्टामयमितनखेनासकृत्सारयन्तीं
गण्डाभोगात्कठिनविषमामेकवेणीं करेण ॥ ८८ ॥

86. —*a*) T, Cv. b, Ew. s संनिकीर्णैक–; some Mss विप्रकीर्णैक–. Cst –क्षाम and –पार्श्वा.—*b*). Some Mss –शेषं सुधांशोः Cst तनुरिव and –मात्रशेषा. —*c*) J, Cc. b, Ew. g क्षणमिव. Cb यद्यप्यमरकोशादौ क्षणशब्दस्य पुंस्त्वं दृष्टं तथापि क्षणमिव गमितो वासरो वासवेनेत्यादिप्रयोगदर्शनात्क्षणशब्दोऽर्धर्चादौ पठनीय इति कलिङ्गः; क्षण इवेति युक्तः पाठ इति शर्वः—*d*) N, Cc. c. st. b. Ew विरहजनितैरश्रुभिः (also Śila-d.); Cv विरहशयनेष्वश्रुभिः; some Mss विरहपरितैरश्रुभिः; some Mss विरहगुणितैरश्रुभिः N, Śila-d. Cst यापयन्ती. Cv substitutes the second half of 87 for that of 86.

87. —*a*) Cst विक्षिपन्ती.—*b*) Cs. st आगण्डलम्बि (also Sār. Sumati and Mahima). —*c*) Cd. m. g मत्संभोगः. J कथमुपनयेत्; T, Cs. b, Eg. s कथमपि भवेत्; Cc, Ew क्षणमपि भवेत्. Cst, Sār. and some Mss सुखमुपनयेत्; Et कथमुपनमेत् in the text, but in comm. उपगमेदागच्छेत्.—*d*) N, Cst आकाङ्क्षन्ती (also Śila-d.). Some Mss रुद्धाश्रुवृत्त्या. For the second half of 87, Cv substitutes that of 86.—The order of 86-89 in Cm, Es is as follows: 86, 89, 87, 88; in Cc 88, 87, 86, 89.

88. —*a*) Sh, Cc. d या शिरोदाम; Cv. p. b, Eg या शिखादाम (also Param). Cd शिरोदाम हित्वेति पाठः। शिखादाम हित्वेति पाठे शिखाशब्दः शिरःशब्दपर्यायो न भवति.—*b*) T, Cs. st. b, Ew. g या (Cs. st सा) मयोद्वेष्टनीया; Cv या मयोन्मोचनीया.—*c*) Cb notices for अयमित a variant अपमित (also Sār.) and explains it as प्रापितापमान. Cst सारयन्ती.—*d*) Cv कठिनविषमात्; some Mss. कलुषविषमां.

पादानिन्दोरमृतशिशिराञ्जालमार्गप्रविष्टा-
न्पूर्वप्रीत्या गतमभिमुखं संनिवृत्तं तथैव ।
चक्षुः खेदात्सलिलगुरुभिः पक्ष्मभिश्छादयन्तीं
साभ्रेऽह्नीव स्थलकमलिनीं न प्रबुद्धां न सुप्ताम् ।। ८९ ।।

सा संन्यस्ताभरणमबला पेलवं धारयन्ती
शय्योत्सङ्गे निहितमसकृद्दुःखदुःखेन गात्रम् ।
त्वामप्यस्त्रं नवजलमयं मोचयिष्यत्यवश्यं
प्रायः सर्वो भवति करुणावृत्तिरार्द्रान्तरात्मा ।। ९० ।।

जाने सख्यास्तव मयि मनः संभृतस्नेहमस्मा-
दित्थंभूतां प्रथमविरहे तामहं तर्कयामि ।
वाचालं मां न खलु सुभगंमन्यभावः करोति
प्रत्यक्षं ते निखिलमचिराद्भ्रातरुक्तं मया यत् ।।९१ ।।

89. —*b*) Sh गतमपसुखं; Cd गतमपि ततः; some Mss अभिमुखगतं. Some Mss तदैव—*c*) J, Sh, Cp खेदाच्चक्षुः by transp. Cv. st. सजलगुरुभिः. Sh, Cp (also Param) छादयित्वा; Cst छादयन्ती.—*d*) N, Cst (also Śīla-d) –कमलिनी न प्रबुद्धा न सुप्ता. Cm नप्रबुद्धां नसुप्ताम्.
After 89, T and some Mss insert:

*11 स्निग्धाः सख्यः कथमपि दिवा तां न मोक्ष्यन्ति तन्वी-
मेकप्रख्या भवति हि जगत्यङ्गनानां प्रवृत्तिः ।
स त्वं रात्रौ जलद शयनासन्नवातायनस्थः
कान्तां सुप्ते सति परिजने वीतनिद्रामुपेयाः ।।

*12 अन्वेष्टव्यामवनिशयने संनिकीर्णैकपार्श्वां
तत्पर्यङ्क(न्त)प्रगलितलवैश्छिन्नहारैरिवास्रैः ।
भूयो भूयः कठिनविषमां सारयन्तीं कपोला-
दामोक्तव्यामयमितनखेनैकवेणीं करेण ।।

90. —*a*) Cm पेशलं (also Sār. and Sumati); Ew कोमलं.—*c*) Cd. p आस्त्रं (also Param). T, Ew. g अश्रुं जललवमयं; Cg अस्त्रं जलकणमयं; Cb notices a variant अस्रं नवजलकणं. T, Cs transpose 90, 91.—On the compound दुःखदुःखेन see Chowdhury § 18.
91. —*b*) Some Mss त्वत्सखीं तर्कयामि.—*c*) Cg, Eg. (also Sār.) सुभगं मन्युभावः (Cb notices this variant); some Mss सुभगं मन्यमानः.—*d*) Cd सकलमचिरात्, Sh, Et मया तत्; some Mss मयेति. T, Cs transpose 90 and 91.

रुद्धापाङ्गप्रसरमलकैरञ्जनस्नेहशून्यं
प्रत्यादेशादपि च मधुनो विस्मृतभ्रूविलासम् ।
त्वय्यासन्ने नयनमुपरिस्पन्दि शङ्के मृगाक्ष्या
मीनक्षोभाच्चलकुवलयश्रीतुलामेष्यतीति ।। ९२ ।।

वामश्चास्याः कररुहपदैर्मुच्यमानो मदीयै-
र्मुक्ताजालं चिरपरिचितं त्याजितो दैवगत्या ।
संभोगान्ते मम समुचितो हस्तसंवाहनानां
यास्यत्यूरुः सरसकदलीस्तम्भगौरश्चलत्वम् ।। ९३ ।।

तस्मिन्काले जलद यदि सा लब्धनिद्रासुखा स्या-
दन्वास्यैनां स्तनितविमुखो याममात्रं सहस्व ।
मा भूदस्याः प्रणयिनि मयि स्वप्नलब्धे कथंचि-
त्सद्यः कण्ठच्युतभुजलताग्रन्थि गाढोपगूढम् ।। ९४ ।।

तामुत्थाप्य स्वजलकणिकाशीतलेनानिलेन
प्रत्याश्वस्तां सममभिनवैर्जालकैर्मालतीनाम् ।
विद्युद्गर्भे स्तिमितनयनां त्वत्सनाथे गवाक्षे
वक्तुं धीरस्तनितवचनैर्मानिनीं प्रक्रमेथाः ।। ९५ ।।

92. —*b*) T –भ्रूविकारं.—*c*) Cd वामं मृगाक्ष्या.—*d*) Cv. b, Ew. g. s मीनक्षोभाकुलकुवलय–; Cd मन्ये मीनोच्चलकुवलय–.

93. —*a*) Cv. st वामो वास्याः.—*b*) Sh, Cd. p, Ew चिरविरचितं (also Param).—*c*) Sh हस्तसंवाहनाभिः; some Mss °संवाहनस्य.—*d*) Cc. g, Ew. g कनककदली– (Cb notices this reading). J –गर्भगौरः; Cb –स्तम्बगौरः.

94. —*a*) Cv जलद दयिता लब्धनिद्रा यदि स्यात्.—*b*) Cs. c. st. b, Ew. s (also Sār.) तत्रासीनः. स्तनित–; some Mss अन्वासीनः. Cb, Ew. g. s सहेयाः (also Kalyāṇamalla).—*c*) J प्रणयिनि जने.

95. —*a*) J प्रोत्थाप्यैनां.—*b*) Some Mss मालतीनां रजोभिः—*c*) Sh, Cs. c. st. d. m. p विद्युद्गर्भः (also Param); Kalyāṇamalla, Sār. and some Mss विद्युद्गर्भं; Cb, Ew. g. s विद्युत्कम्प–. Cv निहितनयनां—*d*) J, Sh, Cp धीर स्तनित–; Cst. m. धीरः स्तनित– (also Sār. and Śīla-d);

7

भर्तुर्मित्रं प्रियमविधवे विद्धि मामम्बुवाहं
तत्संदेशान्मनसि निहितादागतं त्वत्समीपम् ।
यो वृन्दानि त्वरयति पथि श्राम्यतां प्रोषितानां
मन्द्रस्निग्धैर्ध्वनिभिरबलावेणिमोक्षोत्सुकानि ।। ९६ ।।

इत्याख्याते पवनतनयं मैथिलीवोन्मुखी सा
त्वामुत्कण्ठोच्छ्वसितहृदया वीक्ष्य संभाव्य चैव ।
श्रोष्यत्यस्मात्परमवहिता सौम्य सीमन्तिनीनां
कान्तोदन्तः सुहृदुपनतः संगमात्किंचिदूनः ।। ९७ ।।

तामायुष्मन्मम च वचनादात्मनश्चोपकर्तुं
ब्रूया एवं तव सहचरो रामगिर्याश्रमस्थः ।
अव्यापन्नः कुशलमबले पृच्छति त्वां वियुक्तः
पूर्वाशास्यं सुलभविपदां प्राणिनामेतदेव ।। ९८ ।।

Cs. c. d धीरैः स्तनित–; Cb धीरध्वनितः. J, Sh– स्तनितवचनो. Cb notices all these variants, as well as धीरध्वनितवचनो or °वचनं.

96. —*a*) J अभिदधे.—*b*) J, Cs. c. m, Es तत्संदेशैः. J, Ss. c. मनसि निहितैः; Cm, Es हृदयनिहितैः; Cst, some Mss हृदयनिहितात्. Cst. प्राप्तवांस्त्वत्. —*c*) Sh श्राम्यतां प्रेक्षितानां; Cp श्राम्यतामध्वगानां.—*d*) Hultzsch's Śāradā Ms सान्द्रस्निग्धैः; some Mss मन्द्रस्निग्ध–.

97. —*a*) Cb पवनतनये (Cb also notices text-reading). —*b*) Cst. b Ew संभाष्य (also Śāśvata, Sār. and Lakṣmīnivāsa). Cm. Ew चैवं (also Sār.). —*c*) J परमवहितं; some Mss परमपि हितं. Cv सोम्य.—*d*) J, Sh, Cp कान्तोपान्तात्सुहृदुपगमः (Sh उपगत). T, N, Cm. b, Ew उपगतः; Cs. c. st उपहृतः (also Śila-d, Sār. and Mahima).

98. —*a*) Sh, Cv, Eg आयुष्मान् Cv. s. st आत्मना. Cd. p चोपकर्तुः.—*b*) J, Sh, Cv. s. st. Eg ब्रूयादेवं.—*c*) Some Mss पृच्छति त्वा. J नियुक्तः; Sh, Cp. b, Ew and Param. वियुक्तां.—*d*) Sh, N, Cs. c. st. m पूर्वभाष्यं (also Sār. and Śīla-d). Sār.: पूर्वाशास्यमिति मूलपाठः. T, Cb, Ew. g. s भूतानां हि क्षयिषु करणेष्वाद्यमाश्वास्यमेतत्. N transposes 98 and 99.

अङ्गेनाङ्गं तनु च तनुना गाढतप्तेन तप्तं
सास्रेणास्रद्रवमविरतोत्कण्ठमुत्कण्ठितेन ।
उष्णोच्छ्वासं समधिकतरोच्छ्वासिना दूरवर्ती
संकल्पैस्तैर्विशति विधिना वैरिणा रुद्धमार्गः ॥ ९९ ॥

शब्दाख्येयं यदपि किल ते यः सखीनां पुरस्ता-
त्कर्णे लोलः कथयितुमभूदाननस्पर्शलोभात् ।
सोऽतिक्रान्तः श्रवणविषयं लोचनाभ्यामदृष्ट-
स्त्वामुत्कण्ठाविरचितपदं मन्मुखेनेदमाह ॥ १०० ॥

श्यामास्वङ्गं चकितहरिणीप्रेक्षिते दृष्टिपातं
वक्त्रच्छायां शशिनि शिखिनां बर्हभारेषु केशान् ।
उत्पश्यामि प्रतनुषु नदीवीचिषु भ्रूविलासा-
न्हन्तैकस्थं क्वचिदपि न ते चण्डि सादृश्यमस्ति ॥ १०१ ॥

99. —*a*) Sh, Cs. c. m, Es प्रतनु; Cb, Ew. g सुतनु (Cv चार्थाभावात्प्रतनु तनुनेति पठनीयम्; Cs. c. m seem to adopt Cv's emendation; but Cd चकारः प्रतिविशेषणमाख्यातसंबन्धं कर्तुं प्रयुक्तः, Cp चकारः कुशलप्रश्न-समुच्चयार्थः).—*b*) Sh, Cs अश्रुद्रवं; Cc. m. b, Ew. s अश्रुद्रुतं; Cd. p, Eg अस्रद्रुतं. Cb, Ew. g. s दीर्घोच्छ्वासं; Foulkes प्रेम्णोच्छ्वासं Cd समधिकखरो–. —*d*) Cv. p. b, Ew. g. s संकल्पैस्ते (also Param and Kalyāṇamalla); Ei justifies this reading thus: तैरिति तच्छब्दप्रयोगस्यानुपयोगाद्युष्मच्छब्द-प्रयोगाभावे त्वदीयमङ्गमित्यस्य बोधयितुमशक्यत्वाच्च. N transposes 99 and 98.

100. —*a*) Cs. c. तत्सखीनां.—*b*) Some Mss कथयितुमगात्.—*c*) T, Sh, Cs. c. st, Ew. g. s लोचनाभ्यामदृश्यः (also Sār.); Cv. b लोचनानामगम्यः. —*d*) Śīla-d. उत्कण्ठातरलितपदं. Eg. संमुखे वेदं.

101. —*a*) Cv –हरिण–. Sh, Cd. m. p, Es -प्रेक्षणे. Cs. st, Ew दृष्टिपातान् (also Sār.).—*b*) T, Sh, Cv. s. b गण्डच्छायां (also Kalyāṇamalla); Ew °च्छायं.—*c*) Sh, Cd भ्रूपताकां (Cm notices this reading); Some Mss भ्रूविकारान्.—*d*) Cm हन्तैकस्मिन्. Cv न ते भीरु (also Sār.);

त्वामालिख्य प्रणयकुपितां धातुरागैः शिलाया-
मात्मानं ते चरणपतितं यावदिच्छामि कर्तुम् ।
अस्रैस्तावन्मुहुरुपचितैर्दृष्टिरालुप्यते मे
क्रूरस्तस्मिन्नपि न सहते संगमं नौ कृतान्तः ।। १०२ ।।

मामाकाशप्रणिहितभुजं निर्दयाश्लेषहेतो-
र्लब्धायास्ते कथमपि मया स्वप्नसंदर्शनेषु ।
पश्यन्तीनां न खलु बहुशो न स्थलीदेवतानां
मुक्तास्थूलास्तरुकिसलयेष्वश्रुलेशाः पतन्ति ।। १०३ ।।

भित्त्वा सद्यः किसलयपुटान्देवदारुद्रुमाणां
ये तत्क्षीरस्रुतिसुरभयो दक्षिणेन प्रवृत्ताः ।
आलिङ्ग्यन्ते गुणवति मया ते तुषाराद्रिवाताः
पूर्वं स्पृष्टं यदि किल भवेदङ्गमेभिस्तवेति ।। १०४ ।।

Śīla-d. न ते सुभ्रु; Dhvanyāloka reads न ते भीरु; T translates चण्डी as वामलोचना.
T, Cg, Ew. g (after 102), Cb (after 101) insert and N (after 101), Śīla-d. (after 102) utilise:

*13 धारासिक्तस्थलसुरभिणस्त्वन्मुखस्यास्य बाले
दूरीभूतं प्रतनुमपि मां पञ्चबाणः क्षिणोति ।
घर्मान्तेऽस्मिन्विगणय कथं वासराणि व्रजेयु-
र्दिक्संसक्तप्रविततघनव्यस्तसूर्यातपानि ।।

[Variant: *d*) N, Śīla-d., Cb –प्रविरलघन-]
After 101, the order of stanzas in Śīla-d. is as follows: 104, 102, *13, 105, 106, 103, 107, 108, 110, *14, 109, 111.

102. —*c*) Cd. p आस्रैः Cv. p दृष्टिरालिप्यते; some Mss दृष्टिरालिख्यते.

103. —*a*) Sh आकाशे प्रणिहित–. —*b*) Cv. st कथमपि सति; some Mss कथमपि निशि.—*c*) Cd अन्ये तु पश्यन्तीनां तुहिनकणिकाच्छद्मना देवतानामिति पाठमादृत्य व्याचक्षते, इदं रसावहं न भवति.—*d*) Some Mss अश्रुपाताः.

104. —*a*) Some Mss छित्त्वा. Cp किसलयपुटं.—*b*) T—द्रुतिसुरभयो.—*d*) Cv. d. p पूर्वस्पृष्टं (also Param). J transposes 104 and 105.

संक्षिप्येत क्षण इव कथं दीर्घयामा त्रियामा
सर्वावस्थास्वहरपि कथं मन्दमन्दातपं स्यात् ।
इत्थं चेतश्चटुलनयने दुर्लभप्रार्थनं मे
गाढोष्माभिः कृतमशरणं त्वद्वियोगव्यथाभिः ।। १०५ ।।

नन्वात्मानं बहु विगणयन्नात्मना नावलम्बे
तत्कल्याणि त्वमपि सुतरां मा गमः कातरत्वम् ।
कस्यात्यन्तं सुखमुपनतं दुःखमेकान्ततो वा
नीचैर्गच्छत्युपरि च दशा चक्रनेमिक्रमेण ।। १०६ ।।

शापान्तो मे भुजगशयनादुत्थिते शार्ङ्गपाणौ
मासानन्यान्गमय चतुरो लोचने मीलयित्वा ।
पश्चादावां विरहगुणितं तं तमात्माभिलाषं
निर्वेक्ष्यावः परिणतशरच्चन्द्रिकासु क्षपासु ।। १०७ ।।

105. —*a*) Cv संक्षिप्येरन्; Cs. c. st. संक्षिप्यन्ते (also Sār.); some Mss संक्षिप्यैवं. J, Sh, Cb, Ew. g क्षणमिव (also Kalyāṇamalla). Cv. s. c. st. –यामास्त्रियामा: (also Sār.).—*b*) Some Mss ग्रहरपि च मे.—*d*) T, Cd, Ew. s गाढोष्णाभि: (also Foulkes). J transposes 105 and 104.

106. —*a*) Cd. m. p (also Param) न त्वात्मानं (Cm notices also text-reading) some Mss इत्यात्मानं (also Sār); Cb notices both these readings. J, T, Cs. c. st. m. b, Es विगणयन्नात्मनैवावलम्बे (also Sār.). —*b*) J, Cd. m, Es नितरां (also Param). —*c*) J, Cm कस्यैकान्तं. Ew. g उपगतं (also Sār. and Kalyāṇamalla). —*d*) Sh, Cp गच्छन्त्युपरि च दशा:.

107. —*b*) T, Cs. c. b, Ew मासानेतान्; Sh, Cst. m, Es शेषान्मासान् (also Param.).—*c*) Cs. c. d. m, Es विरहगणितं; Kalyāṇamalla and ome Mss °जनितं. J तमेवाभिलाषं.—*d*) Foulkes निर्विश्याव:.

भूयश्चाहं त्वमसि शयने कण्ठलग्ना पुरा मे
निद्रां गत्वा किमपि रुदती सस्वरं विप्रबुद्धा ।
सान्तर्हासं कथितमसकृत्पृच्छतश्च त्वया मे
दृष्टः स्वप्ने कितव रमयन्कामपि त्वं मयेति ।। १०८ ।।

एतस्मान्मां कुशलिनमभिज्ञानदानाद्विदित्वा
मा कौलीनादसितनयने मय्यविश्वासिनी भूः ।
स्नेहानाहुः किमपि विरहे ह्रासिनस्ते ह्यभोगा-
दिष्टे वस्तुन्युपचितरसाः प्रेमराशीभवन्ति ।। १०९ ।।

108. —*a*) Cb, Ew. g. s भूयश्चापि. Some Mss. भूयश्चासि त्वमपि. Cv, s. c. st. m त्वमपि (also Sār.).—*b*) T, Cb, Ew. g सत्वरं (Cb notices text-reading also); Cv. m सस्वनं. Foulkes च प्रबुद्धा.—*c*) J पृच्छतोऽसि; Cp पृच्छते च.—*d*) Some Mss रमयन्कामिनीं कामपि त्वं.

109. —*b*) Cm (as in Ep) चकितनयने (also Sār.).—*c*) T, Cb, Ew. g विरहव्यापदः; Cv विरहह्रासिनः; some Mss विरहध्वंसिनः. Sh भ्रंसिनस्ते; Cs. भ्रंशिनस्ते, Cc. m, Es ध्वंसिनस्ते. J तेऽप्यभोगात्; Cm, Es ते त्वभोगात्; Cb, Ew. g ते ह्यभोग्या (Cb त्वभोग्या).—*d*) T, Cb, Ew. g दृष्टे वस्तु–. J, T, Sh, N, Cs. c. m. g. (all after 109), Śīla-d. (after 110) Ew. s (after 110) insert or utilise:

*14 आश्वास्यैवं प्रथमविरहोदग्रशोकां सखीं ते
शैलादाशु त्रिनयनवृषोत्खातकूटान्निवृत्तः ।
साभिज्ञानप्रहितकुशलैस्तद्वचोभिर्ममापि
प्रातःकुन्दप्रसवशिथिलं जीवितं धारयेथाः ।।

But this verse is omitted by Cv. st. d. p. b. Param., Eg, and its authenticity is doubtful. Of Eastern Commentators Sanātana Gosvāmin and Kalyāṇamalla include it but Makaranda Miśra and Bharata-mallika omit it. The reasons urged for its exclusion are: (1) since the object of the Yakṣa, as mentioned at the outset, is to send a message for 'sustaining the life of his beloved,' the exhortation to bring back a message to sustain his own life is an out-of-place and clumsy effort, and (2) the stanza itself is made up of reminiscences from 10, 52, 91, 109. [variants: *a*), J, Cs. g, Ew आश्वास्यैनां. J–विरहे शोकदष्टां; Kalyāṇamalla and Ew –विरहादुग्रशोकां; Foulkes –विरहेणोग्रशोकां. T,

कच्चित्सौम्य व्यवसितमिदं बन्धुकृत्यं त्वया मे
प्रत्यादेशान्न खलु भवतो धीरतां कल्पयामि।
निःशब्दोऽपि प्रदिशसि जलं याचितश्चातकेभ्यः
प्रत्युक्तं हि प्रणयिषु सतामीप्सितार्थक्रियैव ॥ ११० ॥

एतत्कृत्वा प्रियमनुचितप्रार्थनावर्त्मनो मे
सौहार्दाद्वा विधुर इति वा मय्यनुक्रोशबुद्ध्या।
इष्टान्देशान्विचर जलद प्रावृषा संभृतश्री-
र्मा भूदेवं क्षणमपि च ते विद्युता विप्रयोगः ॥ १११ ॥

इति कालिदासविरचितं मेघदूतं समाप्तम् ॥

Ew सखीं मे; Cs, सखीं तां; some Mss. सखीं स्वां.—*b*) J तस्मादद्रेस्त्रि-नयन–; T, Cs, Ew शैलादस्मात्त्रिनयन–. Some Mss उत्खातशृङ्गात्.—c) J साभिज्ञानं प्रहितवचनैस्तत्र युक्तैर्ममापि.—*d*) Cs भ्रातः; Some Mss प्रायः. J धारयेदं].

110. —*a*) Cv सोम्य.—*b*) Cv. c. st प्रत्याख्यातुं (also Kalyāṇamalla, Sar., Sumati and Mahima); Cs प्रत्यादेष्टुं; Cg अप्रत्यादेशात्; some Mss प्रत्याख्यानात्. Sumati and Mahima अधारतां T, Sh, Cv. s. g. b. Ew. g तर्कयामि (also Sar.).—*c*) Cp निःशब्दो हि (also Param). Some Mss याचितं or यद्भवान्.—*d*) Cp. प्रत्युक्तं तु.

111. —*a*) J, Cm. (in En and Et) प्रियमनुचितं प्रार्थनादात्मनो; T, Ew. g. प्रियसमुचितं प्रार्थनं चेतसो; Cb प्रियसमुचितं प्रार्थनाचेतसो; Cm (in Ei and Ep), Es प्रियमनुचितप्रार्थनावर्तिनो.—*b*) Cb विधुरे इति सप्तम्यन्तं मयीत्यस्य विशेषणम्.—*c*) Sh, Cm. p. b जलद विचर (also Param and Sar.) by transp.—*d*) Cb मा भूदेव (also notices text-reading). J क्षणमपि सखे; T, Ew क्वचिदपि न ते.
After this natural conclusion of the poem, Cs. c insert and N Śīla-d. utilise the following verse:

*15 तं संदेशं जलधरवरो दिव्यवाचाचचक्षे
प्राणांस्तस्या जनहितरतो रक्षितुं यक्षवध्वाः।
प्राप्योदन्तं प्रमुदितमनाः सापि तस्थौ स्वभर्तुः
केषां न स्यादभिमतफला प्रार्थना ह्युत्तमेषु ॥

[variants: —*d*) अवितथफला प्रार्थनाभ्युन्नतेषु].

N and Śīla-d. continue: Cs. c, Ew (also Kalyāṇamalla) insert:

*16 श्रुत्वा वार्तां जलदकथितां तां धनेशोऽपि सद्यः
शापस्यान्तं सदयहृदयः संविधायास्तकोपः ।
संयोज्यैतौ विगलितशुचौ दंपती हृष्टचित्तौ
भोगानिष्टानविरतसुखं भोजयामास शश्वत् ।।

[variants:—*d*) अभिमतसुखान्प्रापयामास]

Before these two verses (*15, *16) the following additional verses are found in some Mss. and commentaries:

*17 इत्याख्याते सुरपतिसखः शैलकुल्यापुरीषु
स्थित्वा स्थित्वा धनपतिपुरीं वासरैः कैश्चिदाप ।
मत्वागारं कनकरुचिरं लक्षणैः पूर्वमुक्तै-
स्तस्योत्सङ्गे क्षितितलगतां तां च दीनां ददर्श ।।

*18 तस्माददद्रेर्निगदितपथः शीघ्रमेत्यालकायां
यक्षागारं विगलितनिभं दृष्टचिह्नैर्विदित्वा ।
यत्संदिष्टं प्रणयमधुरं गुह्यकेन प्रयत्ना-
त्तद्गेहिन्याः सकलमवदत्कामरूपी पयोदः ।।

In some Mss and commentaries, the following poor verse, which insists on mentioning the name of the poem and the poet, is also found at the end:

*19 इत्थंभूतं सुरचितपदं मेघदूताभिधानं
कामक्रीडाविरहितजने विप्रयोगे विनोदः ।
मेघस्यास्मिन्नतिनिपुणताबुद्धिभावः कवीनां
नत्वार्यायाश्चरणकमलं कालिदासश्चकार ।।

[variants:—*a*) सुचरितपदं.—*b*) दुःखयुक्ते विनोदः.—*c*)
कामं चास्मिन्मतिनिपुणतानन्यभावः]

**구름노래** Meghadūtam

초판 인쇄 2009년 5월 10일
초판 발행 2009년 5월 20일

지은이 ▪ 깔리다싸(Kālidāsa)
옮긴이 ▪ 임근동
기 획 ▪ 남아시아연구소
펴낸이 ▪ 박 철
펴낸곳 ▪ 한국외국어대학교 출판부
130-791 서울시 동대문구 이문동 270
전화 (02)2173-2495~6
FAX (02)2173-3363
홈페이지 http://press.hufs.ac.kr
전자우편 press@hufs.ac.kr
출판등록 ▪ 제6-6호(1969. 4. 30)
편집 · 디자인 ▪ ㈜이환디앤비 (02)2254-4301
인쇄 · 제본 ▪ (주)동화인쇄공사 (02)719-7181

ISBN 978-89-7464-554-0 03890 정가 9,000원

* 잘못된 책은 교환하여 드립니다.

〈한국외국어대학교 남아시아연구소 남아시아연구총서 7〉